「私、ちゃんとしなきゃ」から卒業する本

小田桐あさぎ

WAVE出版

はじめに

私が人生の中で一番「ちゃんと」していたのは、27歳の頃でした。

✦働きながら夜間の専門学校を卒業
✦手取り200万程度の契約社員として設計職で働く
✦毎日のように終電帰り、休日出勤もしばしば
✦休みの日はスキルアップのため資格試験の勉強
✦一人暮らしで家事もこなし、毎日お弁当を持参
✦女を捨てないように身だしなみにも気をつかう
✦30までにちゃんとした男性と結婚すべく婚活中
✦理想を上げ過ぎないよう、男性の許容範囲も広く

今書いてても当時の私はすごく真面目な頑張り屋さんだったと思うし、こんな子には本当に幸せになってほしい。

でも正直、この頃が、人生で一番、報われない日々でした。

待遇への文句も言わず真面目に働いているのに、職場ではまったく評価されない。必死に婚活し、自分が結婚相手として悪くないことを目一杯アピールしてるのに、全くモテない。

たくさん我慢と節約をして一生懸命やりくりしてるのに、なぜか常にお金に困っている。

もっとやりたいことはたくさんあるはずなのに、時間だけがどんどん過ぎていく。

もう、ワケがわからないですよね。自分でも本当に不思議でした。

こんなに頑張っているのに、なんでこの程度の人生なのか。

でもワケがわからないなりに、当時の私が出した答え。それは、

「きっとこんな努力じゃ、まだまだ足りないんだ！」ってこと。

だからもっともっと「ちゃんと」すべく、必死で頑張りました。

世の中の流れについていくために新聞を購読したり、スキルアップのために英語の勉強をしたり、ダイエットと健康のためにジム通いをしたり。

でも結局、何一つ報われることはなく……。

努力が実り、資格試験と英検に合格したのに、契約社員のため資格手当をもらえなかったこと。婚活相手の男性から、3回目のデートの約束を既読スルーでドタキャンされた上、1ヶ月後に何もなかったかのように「お元気ですか！近々飲みに行きませんか！」というコピペメールをもらったこと。実家暮らしで、アルバイトのお金は全て自分のおしゃれと旅行に使う、味噌汁すら作れない女友達が、ハイスペックな男性とスピード結婚したこと……。

こんな出来事が立て続けに起きたときに、こう思ったのです。

「もうどうにでもなーれ」と。

そしてこの先は、もう人生を諦めて生きていこうと思いました。

まずは、やりたかったホステスのバイトを始め、毎晩好きなだけ飲んだくれるように。
会社は休みがちになり、最低限の仕事だけを無気力にこなし定時帰りに。
お弁当作りも節約もやめ、食事は毎日、外食かコンビニご飯。
出会いアプリもやめ、友人が誘ってくれた出会いの場にも一切行かず。
週末は朝からお酒を飲みながら、丸1日ネットゲーム。

ちゃんとすることを諦め、未来のことを考えるのはやめ、その時にやりたいことや楽しいことを、欲望のおもむくままにする。
そんな刹那的な日々を送るようになりました。

その結果。気づいたらたった数年で、こんな日々を楽しめるようになっていました。

✦ 100％理想の男性と出会い、2週間で結婚
✦ 8年間ずっとラブラブ、ケンカは一度もなし
✦ 理想的な家で5歳の娘を育てつつ、先日2人目を出産
✦ 家事はほぼ全て外注、育児はやりたい範囲でのみ
✦ 3年連続、年商3000万円以上
✦ 3万人以上のフォロワーさんに応援していただいている
✦ 時間と場所とお金の自由を手に入れ、毎月国内外へ旅行
✦ 美容にも投資し、綺麗になったと言われるように

驚くべきことに、ほしかった以上のものが「全て」手に入ってしまったのです。
私の人生をこんな具合に大逆転させた秘密は、たった一つ。

それは「ちゃんとする」ことをやめたこと。

驚きますよね。でも一度、これについて考えてみてほしいのです。
そもそも「ちゃんとする」とは一体なんなのか。

私たちは子どもの頃から、親にも先生にも上司にも「ちゃんとする」ことを第一に求められ「自分は本当はどうしたいか?」をほとんど考えることなく育ってきています。
でも実は、私たちが縛られているこの「ちゃんと」という常識。これらは大半が過去の産物で、今の世の中には全くそぐわないものばかり。

断言できます。
ものすごいスピードで変化する今の世の中では、世間一般的に「ちゃんと」している人生を送ろうとすればするほど、本来の自分らしさからは遠ざかり、人生はつらく大変に、さらに報われないものになっていきます。

でもこの「ちゃんと」という思い込みを外し、「本当はどうしたいか?」という心の声に従って行動すれば、欲しいものは全て手に入れられるようになるのです。

そして、ちゃんとするのをやめるのは「自分と自分の周りを幸せにするため」。

自分だけがラクをしてみんなが我慢したり苦労すればいいということではなく、自分と、そして自分の周り、ひいては社会全体を幸せにしていくためには、まずは自分自身から変化していく必要があるということです。

この本では、いかに私がこの世の中にはびこる「ちゃんとする」呪縛から逃れ、周囲の目と闘い自分自身と葛藤しながらも、自分らしい生き方を実現させ、さらに周囲も幸せに変化させてきたのかについて、とことん具体的に赤裸々に書きました。

まずはプロローグとして、私の経歴からお話ししますね。少し長いですが、こんな私でも変われたということがよりリアルに伝わると思いますので、ぜひ次ページから読み進めていただけると嬉しいです！

２０２０年４月

小田桐あさぎ

「ちゃんと」すればするほど、
人生つらくなってない？
あなた、報われていて？

目次　「私、ちゃんとしなきゃ」から卒業する本

第2章

仕事編

～「ちゃんと」をやめたら評価アップ……55

第3章

マインド編

第4章

家庭・育児編

～「ちゃんと」してる場合じゃなかった！……131

第5章

恋愛・結婚編

第6章

お金編

装幀　加藤愛子（オフィスキントン）
イラスト　花島百合（カバー・本文）
DTP　白石知美（システムタンク）
編集　大石聡子（WAVE出版）
編集協力　竹内葉子（トレスクリエイト）

プロローグ

～女の人生、ちゃんとするほどハードモード化

1 幼少期〜高校受験

私は1983年に北海道で産まれました。7歳の頃、父の転職で埼玉県の大宮へ引越すことに。

30年以上、北海道から一度も出たことのなかった母にとっては、私以上に戸惑いがあったのかもしれません。元々、気性の激しい人ではあったけど、この頃からものすごく世間体を気にし、過保護になり、ヒステリックに怒ることが増えていきました。

小学校で少し成績が良かった私は、小3からずっと塾通い。お小遣いは誰よりも少なく、家の手伝いは毎日必ずで、中学生になっても門限は4時半。毎日スカート丈までチェックされたり、友人との手紙や日記まで勝手に見られては「あの子とは付き合うな」と、友人関係にまで口出しされる。見ないでと訴えても「親に隠しごとがあるの？」ってさらに怒られるという、なかなかの過保護っぷりでした。

私が興味のあることや、やりたいと思うこと……友達と遠くまで出かけたり、ゲームやインターネットだったり、興味をもちはじめたメイクやファッションなどは全否定。常に優等生の友人と比較され、成績が良かったり、何かで賞を取るなど、母が人に自慢できそうなことをした時だけ、褒められました。

母にとっての子育てというのは、私という人間の資質に目を向けるというより、いかに自慢できる娘に育てるかが全て。子どもというのは自分の子育ての正しさを証明する道具でしかないんだと、いつも感じていました。

元来が不真面目で、素直に言いつけを守る娘でもなかった私は、そんな母から毎日のように「ちゃんとしなさい！」って怒られてました。

毎日のように母と対立しては、口論ばかり。そのうち母のお眼鏡にかなうのもバカらしくなり、私はあまり勉強もせず、塾もたびたびサボるように。どんどん成績が落ちていく私に対し、見かねた母はこんなことを言いました。

「いい高校にさえ入れば、もうそんなにうるさく言わないから……」

その瞬間、私の中での優先順位は一気にチェンジ。猛勉強を開始しました！

この半年を頑張れば、私はもう、自分の好きに生きられるんだ！

そう思えば勉強も全く苦にならず、努力の末、地元で一番の進学校に合格。

これからは自分の好きな格好をして、好きな友達と、好きなだけ遊びたい。

バイトもしたいし、いろんなところにも遊びに行きたいし、

それより何よりカッコいい彼氏を作って色々なアレコレを経験したい‼

そんな希望に満ち溢れた高校生活のスタートでした。

2　高校～DQN時代

なのに！　驚くべきことに、高校に入ってからも母はほとんど変わりませんでした。

高校生なのに、門限6時（笑）。いや、確かに時間は延びたのですが……相変わらず同級生の誰よりも早く、部活からも遊びからも、いつも1人だけ先に帰らなければなりませんでした。みんなが持っていたPHSも、もちろん買ってもらえず。

自分で全て支払うという約束でようやく購入許可がおりたものの、そのためのバイトの時間も1日4時間までと制限される始末。

相変わらずメールを読まれたり、毎日「誰とどこに行って何をするのか」全て事細かに報告させられ、少しでも帰りが遅いと真面目な同級生の家に連絡し、彼女の帰宅時間を確認しては「○○ちゃんは何時には帰ってきてた！」と怒られる日々。

母に「高校に入ったら、もううるさく言わないって言ったじゃん！」と訴えるも、自分自身も親から厳しく育てられた母は「十分、自由にやってるでしょ！　うちに住んでる以上、うちのルールに従うべき！」と、全く取り合ってくれませんでした。

この頃、私はバイト先でヤンキーの彼氏と出会います。当時「もっと自分の自由に遊びたい」という気持ち以外、何も持っていなかった私にとって、好きな時に髪を染め、毎晩のように友達と遊び、ゲーセンに数千円を使える彼は、とても輝いて映りました。

そして、昼間から学校をサボり、彼の家に入り浸るように。学校に行っていないことが母にバレないよう、成績表をコピー機で偽造して対策しました。

そうこうしているうちに、進路を決める時期がやってきました。

「母に何も言われず、もっと自分の自由に遊びたい」という理由で大学進学をやめようとする私に、もちろん母は猛反対！

「いい大学にさえ入れれば、さすがにもうそんなにうるさく言わないから……！」

この台詞で、私の心のシャッターは完全に閉鎖。

結局、母にとっては私の気持ちなどどうでもよく、外から見える私のステータスだけが全てなんだと思ったのです。

自分の人生を生きたければ、一刻も早く母の元を離れるしかない。

そう思った私は、高校を卒業したらすぐに働くことを決意。彼と10代のうちに結婚し、ヤンママになり、一刻も早く家を出よう！と決めたのです。

最初はその辺でバイトでもしようと思っていたけど、「せめて正社員に」と考えた母が、新聞の折り込みチラシで地元の携帯ショップの仕事を見つけてきました。

仕事なんて何でもよく、バイトと正社員の違いも分からなかった私は、とりあえずそこで働くことに。

初年度から50回以上も遅刻して社長直々に怒られたり、接客態度にお客様からクレームを受けまくったり、まぁまぁダメな従業員でしたが……。

そして働き始めて半年が経ち、敷金礼金用の20万円の貯金ができた私は、ついに駆け落ち同然で彼氏との同棲生活をスタート！　家賃4万、築20年くらいのシャワーも出ないボロボロのアパートだったけど、もうこれで母から離れ、自分の自由に生きられる！と思うと、私は喜びと解放感でいっぱいでした。

……のも、束の間！

その彼氏はなんと、同棲開始するやいなや、仕事をバックれてニートに（笑）。
私は手取り14万の給料で、家事と仕事を、全て1人でこなすことになりました。
朝5時、まだ彼が寝ているうちから起きて、2人分の朝食と弁当作り。
片道1時間半かけて通勤し、10時間近く仕事。
その後は、スーパーに寄っておつとめ品の物色。
帰宅後は「腹へった〜」とのたまう彼のために急いで夕飯作り。
夜は1日家で退屈している彼に付き合い深夜までパチンコやゲーセンへ。
10代の彼の性欲処理にも毎晩のように付き合う日々。

お金がなさすぎて肉も野菜もほとんど買えなかったので、当時は塩胡椒のみのパスタや、ふりかけご飯、もやしなどが主食でした。そのくせビールとタバコだけは切らさないヤンキー生活。彼がパチンコにどんどんお金を使ってしまうため、生活はどんどんままならなくなっていきました。

そこで私は、「はじめてのアコム」にチャレンジしてみたり、ダンスのCMで一世を風靡していた武富士に繰り出してみたり、果ては自分のパンツや携帯ショップの制服を、渋谷のブルセラショップに売りさばきに行ったり（※想像より高く売れました）。

そうやってお金を工面するものの、そのお金すら全部パチンコに使われ、ついに家賃が払えなくなる状況に。

でも驚くべきことに、当時の私には「彼と別れる」という選択肢はありませんでした。

なぜか？　それはこんな状況にも関わらず、当時の私が自分のことを「まぁまぁ幸せ」だと思っていたから。大満足！とはいえないまでも、我慢できるレベルの家も仕事もあって、職場の人のことも嫌いじゃない、たまに遊ぶ友人もいる。彼氏ともなんだかんだ一緒にいられて、毎日ケンカはしながらも、ゲームでは一緒に笑い合える。

なんならヤンキー界においては、私の彼は暴力を振るったり浮気をしないだけ友人達よりマシで、彼女思いの優しいヤツと評判でした（笑）。

いやいや、彼女思いの優しいヤツなら、せめて家事はしたり、夜中まで連れ回したりしなくない!?って思うかもしれません。

でもこれは今思えば、彼に強制されてたというより、私が勝手に自分自身に課してただけなんですよね……。

私は自分のことを「ちゃんとしたいい女」であると認めてもらい、もっと大切にされたかったのです。当時の私が考える「いい女」っていうのは、仕事も家事もしっかりこなし、常に人には優しく接する、良妻賢母のような女性。

彼が私のことをあまり大切にしてくれないのは、私が「ちゃんとしたいい女」じゃないからだと思っていました。

母から押しつけられた「ちゃんとした」人間、それが嫌で逃げ出したはずなのに、幼少期からずっとそう育てられてきた私は、それ以外の生き方を知らず。

だから「すんごい大変だけど私、いい女だから頑張ってるの！」って思っていたし、「こんなに私はあなたのことを大切にしてるんだから、もっともっと感謝しなさいよ！　私の言うこと、もっと聞きなさいよ!!」って、こう、全身から「こんなに頑張ってるんだから、私を、認めろ!!」ってオーラをガンガンに出しながら、あまり思い通りにいかないことに、毎日イライラしてました。

結局、家賃が払えなくなったこと、そして過労と栄養失調から体を壊していたのに、お金がなくて病院にも行けない私の状況を知った母により、私はわずか3ヶ月で実家へ出戻りすることになります。

3　留学～転職～専門学校～婚活

実家に戻り、今のままじゃダメだと考えた私は、とりあえず英語を身につけようとお金を貯めてカナダへ留学しました。

明確な理由があったわけではなく、なんとなく英語が喋れたらいい仕事に転職できるかな?と思ったから。しかし帰国後、少し英語が喋れるくらいではそんなにいい仕事に就けるはずもなく(汗)、派遣で事務の仕事をしたり、急にデザイナーになろうと思い立ってｗｅｂ会社で働いてみたりと、色々な仕事を転々としていました。

どの仕事も全く続かず、20代前半で転職回数はすでに5回以上……。

そして、私が毎日、報われない仕事で朝から晩まで働いたり、またもやヒモの彼氏と同棲して家事に育児(じゃないけど)に追われている頃、同級生はみんな華々しい大学生活を謳歌していました。

この頃から私は心の中で、こう思い始めるようになっていきます。

やはり自分の選択は間違いだったのかもしれない、と。

母からの自由を追い求めて、高卒で働いたり、駆け落ちしたりしてみたものの……結局私は自由な時間もお金も全くない、ある意味、昔以上に不自由な人生を送っているわけです。

極め付けは、5度目の転職で派遣の事務員になった時のこと。当時の私の主な仕事は、テプラとファイリングのみ。これではどんなに真面目に取り組んだところで先はないし、一流企業に勤める同級生たちと同じように100万のボーナスが貰える日なんて一生来ないということは、さすがの私にもわかりました。

母がいつも言っていた「ちゃんとしなさい！」。その言葉は、娘で自分の自尊心を満たしたい母自身のためでしかないと思っていたけど、結局はちゃんと大学に行き、ちゃんとした仕事に就き、ちゃんと結婚することが、この日本で幸せに生きるためには必須なんじゃないか……。私はこんな思いを強くしていったのです。

今からでもいい。やっぱり両親や同級生のような「ちゃんとした大人」になろう。

そう考えた私は、まずは何か手に職みたいなものをつけるべく、昼は働きながら、夜は建築の専門学校へ通い、卒業後、建築設備の設計の仕事に就きました。

しかし、この仕事は私の9回に及ぶ転職歴の中でも、ダントツで自分に合っていない仕事でした。学校まで行って就いた念願の仕事だったにも関わらず……。

今なら笑えるのですが、そもそも私は建築になんて1ミリも興味がなかったんです。設計に必須の物理は学生時代から大の苦手だったし、人と接するのが大好きな私にとって、1人で黙々と仕上げていく設計は、自分には一番向いていないタイプの仕事でした。

でも高校でドロップアウトした私が「ちゃんとした」職の社会人として生きるためには、もうここで頑張るしかない。だから「ちゃんとできない」自分が悪いんだと言い聞かせ、何とかしがみついていました。

このころ私は27歳。当時の私はなんとしても20代のうちに「ちゃんとした」人と結婚して逆転ホームランを打つべく、婚活を始めます。このとき思い込んでいたのは

「30歳までに第一子を産まないと、人から負け犬のレッテルを貼られて死ぬ！」

しかし毎週のようにお見合いパーティーに繰り出したり、出会いアプリで1日3人とのデートを入れるなど必死に頑張っていたのに、なぜか全くモテませんでした。汚部屋に住んでることも、子どもが嫌いなことも、借金があることも、全てを封印して必死で自分からアプローチしていたのに……。

「高望みしてるから婚期を逃すんだ」と人に言わせないよう、男性の条件もめちゃくちゃ妥協していたのにも関わらず、です。

4　自暴自棄のあとの世界

もうどれだけ努力しても、私にはちゃんとした人並みの幸せなんて、手に入らないんだ。ここで私の心もついに折れてしまいました。

そしてちゃんとすることを諦め、仕事の手を抜き、婚活をやめ、未来のことより今楽しいことやしたいことを、欲望のままにするように……。

以前から興味のあったホステスのバイトを副業で始めてみたり、毎晩のように飲み屋やカラオケに繰り出したり、ビールを飲みながらネットゲームで徹夜をする日々。

会社は休みがちになり、最低限の仕事だけを無気力にこなすように。とはいえ忙しい職場であることには変わりなかったため、万が一家庭を持ってもこの職場では両立できないと思い、もうラクに適当に生きようと「安定企業でラクなアシスタント業務」に転職しようと決意。

まぁ、その転職活動すら面倒くさくて、エージェントに登録だけして放置しましたが……。

けれどもここで、まさかの転機が訪れます。

きっかけは、私以上に適当な転職エージェントのおっさんに、社員が10人もいない外資系ベンチャー企業での技術職という、私の希望とは真逆の仕事を紹介されたこと。

ラクに生きようと思っていたはずなのに、社長の熱さと魅力に惹かれ、気がついたら入社。さらに驚いたのは、配属先が新規開拓の営業だったこと。採用時と仕事内容まで違う、って（笑）。でもこの社長との出会いが、転機になったんです。

社長は、世の中の「こうあるべき」という常識よりも、自分の考える「あり方」をとても大切にしている人でした。そして私にとっては自分のことを初めて認めてくれ、自分もこんな人間になりたいと思えた、最初のメンターでもあります。

社長の影響で、私は人生で初めて自己啓発書にも出会いました。そして読みながら自分でも実践していくうちに、衝撃的なことを発見したんです。それは……

私が今まで目指していた「ちゃんとした自分になる」という方向のアプローチって、もしかしたら間違ってたんじゃないか？ということ……！

そう。私はそれまでの自分の人生の実感として、薄々感じていました。
一番ちゃんと取り組んでいたはずの設計の仕事で、一番成果が出なかったこと。
一番女性としてちゃんとしていたはずの婚活時代が、一番モテなかったこと。
なのに、好き勝手に生きている今の私が、
今までの人生で一番、仕事でも評価され、男性からもモテていること。

この事実をすぐには認められませんでした。
でも、めちゃくちゃ怖かったけど、そんな生き方をしている尊敬する社長や、自己啓発書に書いてあることを、信じてみようと思ったのです。

けれど実際に行動に移してみて分かったのは、この「ちゃんとするという考えをやめ、自分のありのままに生きる」というのは、それまでずっと反対を目指してきた私にとっては、実はかなり難しい、ということ。

だって「自分は本当はどうしたいか？」と聞かれたって、当時の私には特別やりたいことや、人生をかけて成し遂げたいような素敵な夢があったわけでもなく。出てくるのはせいぜい「美味しいもの食べたい」とか「イケメンにチヤホヤされたい」とか「誰かお金くれないかな」とか、自分でもがっかりするようなことばかり。

それでも恐る恐る、そんなどーしようもない自分の「どうしたいか？」に従い、少しずつ行動を変えていきました。

結果、自分のダメさはそのまま、いやむしろ行動に移してるぶん、人から見えるダメさは上がったはずなのに、周囲の環境が、なぜかどんどん好転していきました。

そして冒頭に書いたような、自分の欲しかったもの以上のものが「全て」手に入ってしまったのです。

さらに、そんな私の姿を見た人から「話を聞きたい」とまで言われるようになり、4年前からはこの驚くべき人生の法則を、セミナーなどを含めれば5000人以上、私が直接の指導をする長期講座だけでも300人以上の女性に伝えています。

今、本人はもちろん周りまでどんどん幸せにしている彼女たちを見るたび、人は誰でも「ちゃんと」という思い込みを手放し、自分の本心に従って生きることで、欲しいもの全てを手に入れることは可能なんだと、驚きつつも実感しています。

次章からはいよいよ、私や私の周りの女性たちがどのようにして「ちゃんと」の呪いに気づき、自分らしい生き方を実現してきたのかを具体的に書いていきます。できそうなところから少しずつ、ぜひ試してみてくださいね！

「ちゃんと」をやめれば、仕事の評価も、モテもUPよ！

第1章

「ちゃんと」で人生、迷宮入り

あなたは100%疲れている！

「ちゃんと」することをやめ、自分らしく生きる。
そのための最初のステップは「疲れを取り、エネルギーを回復させる」ことです。

過去の自分自身や講座生を見てきても思うのが、みんな本気で疲れすぎということ。
自分らしく生きるとか、やりたいことが見つかるとかそれ以前にもう、そもそも仕事や人間関係、生活自体に完全に疲れきっている女性がとても多いんです。

え、私は別に疲れてないけど……って思った方もいるかもしれません。
そんな方のために、疲れ診断チェックリストを記載しておきます。
あくまでも私の場合のリストですが、きっと参考になるはずです。

疲れ診断チェックリスト

□ジャンクフードが無性に食べたくなる
□辛い食べ物や味の濃いものが食べたくなる
□お肉や炭水化物がとにかく食べたくなる
□ＳＮＳやスマホゲームを延々としてしまう
□ついダラダラと夜更かしをしてしまう
□笑える映画やコメディを見て爆笑したい
□スパやエステ、リゾートでのんびり癒されたい
□海や大自然の中でゆっくり癒されたい
□ちょっとしたことですぐにイライラする
□ちょっとしたことですぐに泣きそうになる
□つい自分や他人の粗探しをしてしまう
□出かけたり何かをするのが億劫に感じる

5個以上当てはまったら完璧に疲れてます。

10個以上当てはまったら、もはや瀕死と言っても過言じゃない！

私に関していえば、疲れると、これらを猛烈に求めます。

このように、「疲れ」は人の味覚や趣味嗜好、果てには性格まで変えてしまうような、ものすごいパワーを持っているのがお分かりでしょうか。


では、なぜあなたはそんなに疲れてしまっているのか？

その理由は、自分で選んだこと以外のことをたくさんしているから！


冒頭の私が、正にこの状態でした。

毎日のように終電まで働き、資格試験の勉強をして、苦手な家事も人並みに頑張ってこなし、一生懸命婚活して……。

世間で言われる「ちゃんとした」人生を送るために必要な努力だと思い込んで、見返りを期待することでなんとかモチベーションを上げながら、これらのタスクを必死で頑張ってこなしていました。

何一つ「やりたい！ワクワク！」といった気持ちでしていたものではなく、「やらなきゃ」という気持ちでしていたものばっかり。

こうした義務感でしてることって、大したことしてなくてもすごく疲れるんです！

人って、楽しいことであれば、何時間でも疲れることなく続けられたりしますよね。海外ドラマを何時間も見続けてしまったり、友人と話していて気づけば5時間なんて経験は誰でもあると思います。

その逆で、我慢しているときや嫌なこと、苦手なことをしているときは、少しの時間取り組んだだけでも、どっと疲れてしまうもの。

つまり、我慢したり、嫌なことをしている時間というのは、めちゃくちゃエネルギーを消耗するのです。

周りと比べても、みんなもこの程度はしているし、自分だけが特別に頑張ってるわけじゃないから、疲れていると言われてもピンとこないかもしれない。

でも、はっきり言って、単に周りの人たちも全員が疲れているだけですから〜!!

疲れているときの「したいこと」は99%幻想！

でね、なぜ疲れていちゃダメなのかというと、疲れているときは、まともな思考力ではなくなっているから。さらには、決断力もなくなります。

結果、今の生活に多少不満があったとしても、それを変えるという決断をすることができず、ずるずると現状維持してしまうわけです。

そして疲れているときに思いつく「こんなことがしたいかも……」なんてものは、本当にしたいことというよりも「今よりラクになれるかも？」っていう気持ちでしかなく、はっきり言って99%は幻想！

まずすべきことは、エネルギー不足の解消です。

そうしないと、本来は「やってみたい！」ってワクワクできることでも、エネルギー不足で必要以上に大変そうに見えたり、失敗しそうに思えてチャレンジすること自体が嫌になったり、たとえ自分が好きで続けていることでも、疲れるからやる気が起こらなかったりします。

逆に本来は苦手だったり嫌なことでも、改善するエネルギーすら湧かず「そこまで嫌ではない」と現状維持を選んで受け入れてしまったりするものなんです。

少し行動してもすぐに飽きたりして続かなかったりする原因も、エネルギー不足。

エネルギーが不足している状態で、新たにエネルギーを消耗することを追加したところで、すぐに枯渇してしまい、続かないんです。

これを乗り越える方法はただ一つ。

それは、とにかく休むこと。まずはエネルギー不足を解消するのです。

海外リゾートやエステやスパの写真を見て猛烈に惹かれ、「自分へのご褒美」をあげたくなったらもう要注意！　エネルギーと思考力はほぼ枯渇してます！

まずは、しっかり寝る。好きなものを食べる。

ひたすらぼーっとする。嫌なことをしない。

これを意識して、特別なご褒美がなくても大丈夫なくらい、疲れのもとを絶ちましょう。ご褒美の時間を作る前に、日常でのエネルギーの消耗を防ぐのです。

一見ダメ人間まっしぐらな気がしてしまうけど、この「休む」をせず日常生活を送っていると、結局は何もできないまま時間だけが過ぎていくんです。

そうならないためにも、まずは勇気をもって休んでみるのです。

疲れをなくすための2ステップ

じゃあ一体どうなったらエネルギーが回復したと言えるのか？
それはまず、Ｐ41のチェックが減ること。特に大事なのはこの辺りです。

・イライラする頻度が減ること
・癒されたいと思わなくなること

そして「暇に飽きたな～。そろそろ何か始めよう～」って思えること。

お正月休みやリゾートでのんびりした時の、休みに飽きた頃とかをイメージすると分かりやすいかもしれません。

それも頭で思い描くだけじゃなく、実際に手や足を動かせる状態になること。例えば「自分の夢リストを100個書いてみよう！」っていうアイディアを面倒に感じず、すぐに取り組めるとか。あとはボランティアなど、直接的なメリットが曖昧なものや、ダイエットや筋トレ、『サピエンス全史』みたいなヘビーな本を読むなど、エネルギーを使うものに取り組めるようになることです。

では実際にどうやればこの状態になれるのか、2つの方法をご紹介しますね。

1 睡眠を削るのは非効率

1日は誰にとっても24時間しかありませんが、そのうち最低でも1〜2時間を「自分だけの時間」として確保するのが理想です。

このときに絶対にしちゃダメなのが、睡眠時間を削ること！

疲れを取り、エネルギーを回復させるために一番優先順位が高いのは、なんといっても睡眠時間。

必要な睡眠時間は人によって異なるけれど、目覚ましを使わずとも自然に目覚める時間というのが、自分に必要な睡眠時間。

普通の人であれば、やはり８時間程度になるんじゃないかと思います。

一説には、睡眠時間が６時間以下の状態というのは酩酊状態と同等の思考力しかないとも言われているように、睡眠不足というのは自分で自覚している以上に、思考力を枯渇させます。

なので睡眠時間を削り、起きている時間を確保したところで、結局日中のパフォーマンスが落ちるだけなので、全く意味がありません。

ちなみに２０１９年のＯＥＣＤ（経済協力開発機構）の調査によると、日本人の睡眠時間は４４２分（7時間22分）で、調査した31カ国の中で最短。特に30〜40代での睡眠不足が顕著なのだそう。

これが日本の生産性の低さにもつながってると、思わずにはいられませんよね。

だからまずは、8時間の睡眠時間を確保しましょう。

って！　こんなこと、私に言われるまでもなく、寝られるんだったら最初から寝てますよね（笑）。その時間がないから困っているわけです。

そう、睡眠時間が足りない生活から毎日8時間の睡眠が取れる生活に移行するためには、日々のスケジュールに組み込まれてる日中の活動時間を削る必要があるわけです。

では何を削るのか？ということになるのですが、ここで、次のようなことを削ろうとイメージした人は要注意！

✦SNSやスマホゲームをする時間
✦ぼんやりテレビや動画を見る時間
✦お酒を飲んでダラダラする時間
✦ボーッとしたり、ゴロゴロする時間

私はこれらを総称して「ダラダラ時間」と呼んでいますが、エネルギーが枯渇しているときにこれらのダラダラ時間を削ることは、はっきり言って不可能。

なぜか？　それは、人間というのは「快」でしか動けないものだし、疲れているときはさらにそれが顕著に出るものだから。

右に書いたようなことって全て、思考停止したままでも楽しめることなんですね。
つまりダラダラ時間は、思考停止している時間……脳が休んでいる時間なのです。

では、なぜ脳が休む必要があるのか？というと、それは日中のそれまでの時間で、脳が完全に疲れきってしまっているから。
つまり、その疲れの根本の原因となる部分を改善しない限り、ダラダラ時間をなくすことはできないのです。

講座生でも「ダラダラ時間を本当は有効活用したい」って思ってる人は多いです。

タメになる本を読んだり、運動したり、アウトプットしたりなどなど……。

なのに、なぜ思うように有効活用できないのかというと、いずれも結構エネルギーが必要なことだから。自転車を漕ぎ出すときと一緒で、何かを始める時って一番大きなエネルギーを使いますよね。

日中で疲れきっちゃうと、そのエネルギーが、もはや残ってないんです。

2 削っていいのは仕事・生活・家事育児

疲れの根本原因は、大きく分けてこの3つ。

- ✦生活に関わる時間
- ✦家事や育児の時間
- ✦仕事をする時間

この3つにかかる時間と労力を削減して、自分の時間を確保するのがベストです。

そのためのポイントはやっぱり「ちゃんとする」という発想をなくすこと。

常識は一旦忘れて「自分にとってどうなのか？」という基準で、全てを一度、立ち止まって考えてみてほしいんです。そして自分にとってそこまで重要じゃないことは、勇気をもってやめていきましょう。

先ほども書いたように、基本的に日本人は睡眠時間も少ないし、周りを見ても「すごく幸せそうな人」ってのがめちゃくちゃ少ないわけです。

よって、例え身近な周りの人が当たり前にしていることであっても、そこに合わせてしまっては、不幸になる可能性のほうが高いわけで。

勇気をもって、周りとは違う選択を能動的に選び取っていくことが大事です。

「自分だけが
頑張ってるわけじゃない」!?
じゃあ、それで幸せな人って
周りにいるかしら?

第2章

仕事編

~「ちゃんと」をやめたら評価アップ

仕事においての「ちゃん卒」ポイント

ここからは私が「ちゃんとする呪縛」から逃れるために、実際に取り組んだことを紹介していきます。

ポイントは、まず自分1人でも取り組める部分から着手していくこと。家族や職場の人に相談したり、人に変わってもらう必要があるものは難易度が高めなので、後回しにしてOKです。

あり得ないと思う部分もあるかもしれませんが、いきなり100を実行するのではなく、少しでも参考にしたり、試してみていただけたら嬉しいです。

ということで、まずは仕事編です。

仕事というのは、１日の大半を過ごすものである分、変化したときのインパクトがとても大きいもの。なので最初は「仕事」から着手していくのがおすすめです。

仕事においての「ちゃんと」をやめるポイントは、とにかくこれに尽きます。

「自分の好きな仕事だけをして、苦手な仕事は全て手放す」

苦手な仕事は、人に振るなり断るなり休むなり転職するなりして、どんどん手放していきましょう。苦手な職場の人や、好ましくない働き方についても同様。

たとえ会社員であっても、自分の好きな人とだけ、好きな範囲で、好きな仕事だけする術を身につけるのです。

「人に迷惑がかかるのでは？」って疑問に思う人もいると思いますが、全くの逆。

好きな仕事以外をするのは、自分が大変なだけでなく、自分以外の人にとっても逆に迷惑、と言っても過言じゃないのです。

まず8時間労働に疑問をもって

1日に8時間以上働いている方は、もうその時点で他には何一つ活動をしていなくても、めちゃくちゃ疲れているはずです。

というのも、そもそも人の脳というのは8時間も集中できるようには作られていません。今のような8時間労働が一般化したのは、120年ほど前のこと。まだ知的労働がほぼなかった頃です。

だから相当に時代遅れな概念であることは間違いないのに、なぜ未だに世界中で8

時間労働が一般的なのか？といえば、これは私の持論では、多くの雇用主にとって都合がいいから。

だって1日に8時間も働いたら、それ以外のこと何もできなくないですか⁉

しかも仕事が8時間で、ここに休憩時間とか通勤時間とか少し残業したり……ってのを1時間ずつ加えたらもう12時間。

ざっと朝8時から夜8時くらいまで、全て仕事関連に費やすことになるんですよね。

そして、それ以外の時間で食事、入浴、家事……とかしていたらもう、あっという間に寝る時間だし、睡眠時間は8時間もとれないまま起きる時間。

こんな生活じゃあ、仕事以外のことについて考えたり、ましてや普段以外の行動をしてみる余裕なんて一切ありません。

だから、たとえ今の職場に不満があったとしても、そのことについて考える時間もないまま、翌日も仕事に行けてしまう、という……。

これが8時間労働のからくりだと、私は真剣に思ってます。

ある研究によると、普通の人が1日に集中できる時間はせいぜい2時間。十分に鍛えられている人であっても4時間程度が限界だそうです。

さらにこういった「集中力と成果」の研究では、必ずと言っていいほど「集中以外の時間で意識的に脳を休ませる重要性」が、熱心に説かれているんですよね。

最近では、実は6時間労働や週4勤務のほうが生産性がいいという実験結果も、たくさん報告されています。

とはいえ、じゃあこういった論文を元に「そんなわけで私は明日から4時間しか働きませんから！　でも生産性は下がらないはずなので、給料はそのままで！」って上司に宣言したところで、まぁ普通は通りませんよね(笑)。

ではどうしたらいいか？

自分の中で、自分の責任に基づき、自分が真面目に働く時間は1日4時間まで、と決めるのです。それ以外の時間はリラックスに充てる。同僚と雑談したり、ネットサーフィンしたり、プライベートなことをしたり、自分についてあれこれ考えたり。

「本当はやりたいことがあるのに時間がなくてできない！」という人こそ、ここの時間を有効活用するのがおすすめです。

夜についダラダラスマホ見ちゃう……って人は、この時間を充てるのがオススメ。日中に何時間もSNSしてたらさすがに飽きて、自宅に帰ってまでしなくてもいいかも？ってなります。ブログを書きたい人も、この時間に書けば良いのです。メールソフトで書いてれば、まずバレません。

「あり得ない！」って思いましたか？　でも実際にやってみると分かるのですが、多くの場合、生産性はほとんど変わりません。４時間で自分の仕事を終わらせる！って決めたら、なんとか工夫して終わるものなんです。

出産後に時短勤務になった方などであれば、実感としてわかる方も多いですよね。

それに逆説的ではありますが、こういう働き方を自分で選ぶことで、会社に対する感謝が生まれます。それにより、仕事に対する意欲も逆に上がったりするわけで。

会社としても、生産性も落ちず、意欲を持って取り組んでもらえるのであれば、退職の可能性も下がるし、むしろ喜ばしいことじゃないでしょうか。

ラクして成果を出すことに対して否定的な人も多いけど、同じ成果ならどう考えてもラクに出せたほうがいいに決まってますよね。

有休・仮病で人生好転

ここで注意すべきなのが、仕事の時間を多少減らすことで改善できる人は、そもそも「今の仕事が好きな人」に限られる、ということです。

先ほども書いたように、人は嫌なことをしているときや我慢しているとき、一番エネルギーを消耗します。

なので「仕事は我慢の連続」という人の場合、多少仕事の時間を削ったくらいじゃ、エネルギーは一向に回復しません。

その場合は、思い切って仕事を休んでしまうこと！　これ以外にはありません。

1〜2ヶ月の休職ができたら理想的です。メンタルクリニックに行って、最初の問診票で「診断書が出るのは、こっちかな？」ってほうの選択肢にチェックマークを入れていくだけで、診断書なんて簡単にもらえます。
もし1ヶ月が難しければ、2週間とかでもいい。

難しければ、とりあえずインフルエンザにかかったことにしてみる。これで少なくとも1週間は休めます。万が一、診断書出せとか言われても「あっ！忘れてた！明日こそ！」ってのを1ヶ月もやれば風化するから大丈夫。

え？　本当に病気の人に失礼？

そうやって人のことばかり考えてるから、いつも「自分」が後回しになるんですよ！　まずは一旦、人のことは忘れましょう。

そんで、とりあえず何も考えず寝る。飽きるまでひたすら寝る。

起きてる時間も、好きなもの食べながらマンガ読んだりテレビ見たりして、だらだら過ごす。

私も去年の一時期は少し疲れてしまっており、毎日16時間くらい寝てました。

でも、あと70年も生きるって考えたら1年や数ヶ月なんてほんの一瞬です。

今後の70年を豊かにするためにも、疲れている今、休むべきなんです。

もしまとまった休みを取るのは勇気がいる場合は、まずは「行きたくない日は会社に行かない」というところから始めてみましょう。

多くの会社には「有休」という、平日でも休みが取れる上にその日の給料までもが保証されるという素晴らしいシステムが存在しているので、これを使わない手はありません。

そもそも、なぜ会社に遅刻したり週1で休んだりしちゃいけないんでしょうか。週5も会社に行く必要って、本当にあります?

私に関していえば、新卒で入社した1社目のときからずっとこんな感じだったので、初年度の遅刻回数は54回、当日欠勤もしょっちゅう。どの職場でも有休は必ず全て使い果たし「あさぎさん、もう有休ないよ!」って言われても「じゃあ欠勤扱いでよろしく」って言って平気で休んでました。

欠勤するとどうなるか?というと、その日の分の給料が少し引かれるだけです。私は初めて社会人になってから起業するまでの15年の間で、会社のゆるさとかに関係なく、欠勤で給与が引かれなかった年は一度もありません(笑)。

欠勤が何日かあるくらいでは基本給なんて下げられたりもしませんし、それどころか私は必ず給与交渉をしてたので、毎年しっかり昇給もしてました。

だいたいどの会社でも最初は怒られるものの、途中から「もうコイツには遅刻と欠勤に関しては何を言っても無駄だ」と、みんなが諦めてくれるので、職場の人たちと険悪ムードになったこともないですよ。

思うに、大切なのは会社内でのキャラ作りとポジショニングです。

✦有休完全消化キャラ
✦絶対に残業しないキャラ
✦朝が弱いキャラ
✦病弱キャラ
✦○○が苦手キャラ

などなど。

日本って「精神的な不調は、根性論とかでなんとかしよう」とする傾向にあるけれど、私は精神的な不調も、肉体的な不調と同等に重視すべきと思っています。

特に重要じゃない日にはゆっくり休んでエネルギーをため、大事な仕事があるときに入魂したほうが成果も出るっていうもの。

とはいえ、それをそのまま言うのはさすがに攻めすぎなので、あくまでも理由は周りが納得できる形（体調不良など）にしておくことをおすすめします。

「でも今日休んだら、あの仕事が……」って気持ちが出てきたら？

こう仮定してみましょう。

「もし今日、自分が本当にインフルエンザにかかり、朝から40度の熱が出ていたらどうなるのか？」

「それだったら休むし、なんとかなるな」と思えるのであれば、休めますよね。

講座生たちも実際にこの方法で、在宅勤務や1人フレックス通勤、週4勤務などを次々と獲得しています。

社内にそんな前例がなかったとしても、これだけ働き方改革が叫ばれている中、自分さえやろうと思えば色々な働き方が実現できる時代なんです。

とりあえず朝起きたときに

「今日はこんな仕事をしよう！」とか

「今日は自分の仕事について、ノートに書き出してみよう！」

ってワクワクできるようになるまで、とにかく休んで寝てみましょう。

「苦手だけど頑張る」って実は迷惑

そんなわけで疲れが取れて、正常な判断ができるようになったら、いよいよ次のステップ。自分の仕事を、好きか苦手かに分けていきます。

そして苦手な仕事は、人に振るなり断るなり休むなり転職するなりして、手放しましょう（詳しい方法は前著『嫌なこと全部やめたらすごかった』をご一読ください）。

私たちの多くは、子どもの頃から「君はこういうところが苦手だから、努力してできるようになれ」って言われてきました。

でも実は、苦手なことをいくら努力したところで、正直メリットなんてほとんどないと思いませんか？

得意なことだったら、１の仕事をするのに使うエネルギーは１なのに、苦手なことだと１やっただけで５くらい疲れる。

で、他にできることの量やクオリティまでどんどん下がってしまいます。

さらに、それだけ時間も労力も使って苦手な仕事に取り組んだとしても、得られる成果なんてせいぜい「人並みにできるようになる」くらい（笑）。

評価なんてされません。

こんなに虚しいことって、ないと思いません？

その時間や労力で、自分の好きな部分や得意な部分を伸ばしたほうが、自分も楽しいし、どんどんスキルも上がるし、確実に成果も上がります。

それに、苦手な仕事を頑張るって、実は周りにとっても迷惑なんです。

例えば、みなさんも経験ありませんか？　感じの悪い店員さんに、運悪く当たってしまったこと。

私、なんで接客が向いてないのに接客業に就く人がいるのか、ずっと不思議だったんですよね。

でもある時にわかったんです。

彼らは多分、自分が接客業に向いていていないって自覚がないんだ……！と。

感じの悪い店員さんって、相手を不快にしたいわけではないんですよね。

ただただ、人に対してあれこれ気を回したり、人と話すのが苦手なだけ。

そしておそらく、自分が感じが悪いことに気付いていない。

自分の中では、他の店員さんと大して差がないと思っている。

じゃなければ感じの悪い店員さんなんて、この世にいません。

苦手な仕事って、自分がもっと頑張ればどうにかなるって考えがちだったり、努力をしているが故に隠せていると思い込んでしまっているもの。

しかしそう思っているのは自分だけ。

人から見たら、苦手なことは一目瞭然なわけです。

お客さんからしてみたら、苦手を克服するとかどうでもいいし、不快な想いをしたくないので、一刻も早く接客業を辞めていただきたいと思いませんか？（笑）

自分にとって苦手な仕事を努力で克服するというのは、この、接客が苦手なのに接客業についている店員さんと同じ。

どれだけ努力したところで、元々得意な人には一生勝てない上に、他の従業員やお客さんにとっても喜ばしいことではないのです。

よく世間は「好きなことだけで生きていけるほど世の中甘くない」というけれど、「嫌いなことや苦手なことで生きていけるほど世の中甘くない」。

真実はむしろこっちです。

あなたの頑張り、会社のためになってないかもよ

仕事のなかで、1人で勝手にやめられる業務はとっととやめるとしても、大半のものは周囲との連携や理解が必要ですよね。

そのためのファーストステップは、「自分はこの仕事が嫌い・苦手だ」ということを、素直に上司へ相談してみる、ということです。

「サボりたい」と言っているようで勇気がいるかもしれませんが、何度も書いているようにこれは単なるワガママではなく、周囲のためにもすべきこと。

ちゃんとすることをやめるのは、自分だけがラクをするためではなく「自分と自分の周りを幸せにするため」です。

自分が面倒だから周りに丸投げして、自分だけがラクしてみんなが我慢したり苦労すればいい、という発想とは真逆。

会社や、部内の業績のためだったり、効率をもっと上げるために、このことに取り組むのが必要なんだと、自分の中で腑に落ちていることが大切です。

そして、苦手な仕事と同様、苦手な人間関係や、大変な働き方についても手放していきましょう。

……まぁ、こんなことを言う私自身が、元々はめちゃくちゃブラックな感じで働いていたんですけどね（苦笑）。

以前、成長期の会社で働いていた頃です。社内全体のムードも熱気があったし、私自身も「夢は社長の引退後に自分がその座につくこと！」ってくらい燃えてたので、私も他の社員も、毎日22時くらいまで夢中で働いてました。

当時はとにかくやることがたくさんあって、目の前の仕事をこなすのに精一杯。
なので仕事の「効率化」などは後回し。
とにかく時間をかけたり、根性でなんとかこなすというパワープレイ。
でもあるときにふと思ったんです。

もし今の自分たちがいなくなったら、この会社、どうなるんだろ? って。

今、働いている自分たちは、無理してでも頑張れるかもしれない。
でも自分たちがいつ仕事を辞めることになるかなんて、誰にもわからない。
その後に入社する全員が、自分と同じように頑張れるとは限らない。
今までのようなパワープレイに頼っていたら、人がいなくなって崩壊する……。
そう思ったんです。

誰かのプライベートを犠牲にしないと成り立たない企業というのは、とても脆弱なんですよね。

だから、自分がプライベートを犠牲にしてでも仕事を頑張りすぎちゃったり、自分にしかできない仕事を抱え込んでしまう人というのは、一見、頑張り屋さんで努力しているように見えるけど、実は単に会社の成長機会を奪っている可能性がある。

頑張ってる自分自身が、会社をダメにしてたのかも……。

このことを実感して衝撃を受けた私は、以降、20時には帰宅することを自分に課しました。

成果を下げずに実現するためには、仕事の効率化などにもどんどん取り組まねばなりませんでしたが、コツコツ改善していくことで、最終的には生産性はそのままで、定時に帰れるようになりました。

日々、ツイッターや社会を見ていると、今の多くのワーキングマザーの働き方は決してサスティナブルじゃないように思います。

子どもが風邪を引いたら病児保育や夜間診療を駆使して、とか、親を遠方から呼び寄せて、とか、本当にめちゃくちゃ努力して何とかやりくりしてますよね。

でもそれって、どう考えても大変すぎるし、みんながてきることじゃない。

今の10代20代がこれを目指したくなくて、専業主婦願望が強かったり、子どもを産むことに躊躇する傾向にあるのも、これが一因じゃないか？と思ってしまうのです。

仕事は定時で帰ったほうがいいし、子どもが熱をだしたら病児保育は完全スルーで休んだほうがいい。

これは自己中ではなく、未来の同僚のため、長期的な会社の発展のため、そして何より自分の精神を健康に保つためにも大事なことだと思っています。

転職サイト登録はビジネス人のたしなみ

こうして仕事に対する「ちゃんと」の思い込みを外し、まずは休み、次に苦手な仕事をやめ、得意な仕事に注力し、さらに苦手な人間関係や勤務体制などについても一つずつ手放していく……。すると、どうなると思いますか？

職場を変えなくても「自分の好きな人とだけ、好きな範囲で、好きな仕事だけする」術を身につけられるんです。

ここに目を向けないまま、退職や転職することで解決を図ろうとする人は多いです。確かにそれも一つの方法ではあるけれど、もしも「上司に言いにくい」とかの理由だったら、おそらく次の職場に行っても同じような試練が起きてしまいがち。
なので、まずは今の職場で改善できないか？にチャレンジするのが大事なんです。

人がお膳立てしてくれる場所を待ったり探したりするのではなく、いつでもお膳を自作できる自分になったほうが得策、ってことです。

トライしてみたけど、やっぱり今の職場で自分の理想的な働き方を実現するのは難しいと感じたり、今の職場には自分の興味の持てる仕事はないって感じたら、その時は思い切って転職を検討しましょう。

とはいえ、退職や転職には大きなエネルギーがかかるもの。今までと違う仕事に就く場合「本当に自分にできるかな？」と躊躇する人も多いです。
しかしこればっかりは本当にやってみないとわからない。

私が前職に転職したときも、2〜3年以内に結婚や出産もしたいと思ってたタイミングだったため、かなり悩みました。
ただ単に社長と会社に少し興味を持っただけで、自分に向いているのかも、続けられるのかも、全く自信はありませんでした。

でも当時在籍していた会社でもう1年を過ごしたところで、自分の経験値としてはおそらく何も変わらないと感じられて……。
だったら、少しでもいろんな経験ができるほうに賭けたほうがいい。
そんなわけで「この1年は切り取ってみたつもりで」飛び込んでみることに！

スティーブ・ジョブズの名言に、こんなメッセージがあります。

〝Intuition is a very powerful thing, more powerful than intellect.〟
「直感は理性よりもはるかに強力である」

まさにこの通りで、ピンときたら本当に続けられるか？なんて考えず、やってみてダメだったら戻ればいいのです。

ところで、今まで転職したい講座生とかを見てきて思うことがあります。それは**「何がしたいか、どんな会社や仕事が向いてるのか分からない」って人ほど、求人情報すら、ほぼ見てないってこと。**

そういう人は、まず転職エージェントに登録だけでもしてみるのがおすすめです。私も自分の職務経歴書と、めちゃくちゃふんわりした「どんな仕事を探しているか」を登録しただけで（多分「仕事と家庭を両立できる仕事」とか書いた。もはや仕事内容ですらない）あとはエージェントの担当者が全てやってくれました。

転職エージェントには一般に公開されてる求人よりもいい案件がたくさんあるし、担当者は自分より遥かにいろんな業界のいろんな仕事を知っていて、あなたの適性に沿った仕事を紹介してくれます。

履歴書のうまい盛り方なんかも指導してくれるし。

実際、私もエージェントを使った転職によって給料は倍以上になり、ワーキングプアを抜け出すことができました。

私に限らず、市場価値よりもかなり低い報酬で働いてしまっている人が世の中にはかなり多いので、ぜひ自分の価値を知ってみるところから始めてみてほしいです。

ちなみに、引継ぎとかを考えるとやっぱり３ヶ月くらいは転職できない……と思っていましたが、一度もういいやと思ってしまったら気力が完全に失せ、結局、当時の仕事はほぼ引継ぎもせず３日で辞めてしまいました。

そのとき気づいたのが、総理大臣ですらある日突然「辞任します！」って言っても平気で、ちゃんと数日以内に後任が決まるし、その間に国が崩壊することもないってことです。だったら私たち一般人の引継ぎなんて、大したことない。

そして、その後は1ヶ月以上に渡り、有休消化という名のネトゲライフを満喫。

前著にも書きましたが、結局このときのネトゲ経験がその後の起業の大きなきっかけと成功の要因になったので、本当に人生って何があるかわからないですよ！（笑）

自分の直感や好きなことに素直になるってことの重要さを、実感しました。

経歴書は盛らなきゃ損。成長できるオマケ付き

15年間で8回も転職している私。「そんなに転職していたら、採用に不利になりませんか？」ってよく聞かれます。でも私が最後に転職した10年前ですら、転職回数で書類審査に落ちたことはありませんでした。

むしろ毎回、かなり華麗な職務経歴書を持参することさえできていました。

履歴書・職務経歴書は、盛ったもん勝ちです。

やったことないことでもできそうだったら「できる」って書いておくし、自分の実績は「嘘とは言えない」という範囲で、ちょっとした誇大広告にする。

もちろんそれで入社したからには期待に沿うように自分を合わせていくのは必須ですが、職務経歴書上で謙虚に振る舞って、いいことなんて一つもありません。

先に華麗に書いて、あとから自分を追い付かせるのが基本です。

例えば私の場合、社内で使っていた数字管理用のエクセルのワークシートを手直しして使いやすくしたことがあったのですが、それを単に「エクセル使えます」ではなく、「社内の基幹システムとなるデータベースをエクセルにて構築、運用し、業務効率を2倍に改善」とか書いてました。まぁ、これ単に在庫管理用のエクセル表にオートフィルタつけただけなんだけど……(笑)。

それを「データベース構築」とか言っちゃうのは今思えば笑えますが、なにも相手を騙そうと思ってたわけじゃなく、自分自身としては真剣にそう思っていただけなんです。当時は周りもみんなＰＣに弱かったからすごく感謝されたし、自分ではもう、ちょっとしたスーパーエンジニアくらいに思ってました（笑）。

ＣＡＤというソフトを使う仕事に応募した時も、実はＣＡＤなんてほとんど使えなかったのに3種類使いこなせることにしてました。

面談で「このソフト使えるんですね」って話になった時も「バッチリっす！」と即答。

で、内定をもらってから体験版をダウンロードし、本を買って3日くらい練習。

ソフトの操作なんて1週間も仕事で使えばマスターできるものです。

もしかしたら入社後「なんか操作、遅くない？」って思われてたかもしれないけど（笑）。

まずは入社してしまうことが大事！

私がこういう風に考えるようになったきっかけは、カナダでの留学時代にあるかもしれません。

他国から来ている留学生って、みーんな英語スキル欄に「ｆｌｕｅｎｔ（流暢、5段階評価で母国語に次ぐレベル4のこと）」って書くんですよね。

いや英語ペラペラだったら、そもそも語学留学しないだろーが！って思うじゃないですか。

実際に語学学校の中ですら、ぜんぜん中級クラスとかなわけです。

でもそれを指摘しても「えっ私、ｆｌｕｅｎｔだよ？」と。

どうやら意図的に嘘をついているわけじゃなく、彼らとしては真剣にそう思ってるんですよね。

このときに「確かに本人がそう思っているなら、もうしょうがないな……」って実感したんです。

そこからは私も履歴書や経歴書に、英語は堂々とｆｌｕｅｎｔ、なんなら10単語くらいだけ知ってる韓国語も「日常会話程度」と書くようになりました。

多分、あなたが自分の中でいくら盛っても外国人には到底敵いません。
堂々といきましょう。

職場メンヘラは潤滑油

思えば「ちゃんとした自分」になることを目指していた頃は、なるべく感情の起伏を表に出さないように自分を抑えていました。

それが大人であり社会人だと思っていたし、感情を出して「これだから女は」なんて言われたりするのも悔しかったから。

失恋して、ふとした瞬間に涙が出るくらい悲しかったときも、なんでもないフリをして会社に行き、無理やり笑顔を作って、いつも通りに振る舞っていました。

そして日によって態度が180度変わる上司、不機嫌な日にはその不機嫌さを隠そうともしない上司、少し注意しただけですぐに泣く後輩に対して「大人げない！」って、イライラしてました。

でも今では、たとえ職場だとしても、私ももう少し感情に素直でも良かったんじゃないかな？と思うのです。こう思えるようになったきっかけも、実は前職の社長。

社長は、とても自分の感情に正直な人で、一緒に取引先へ向かう車中で思い出話をしながら運転中に泣き始めたり、取引先との会食中にも泣いたり……（笑）。いい年をした男性、それも社長という立場の方が社員の前でそんな姿を見せることに、とても衝撃を受けました。でも大人げない！ってドン引きするというより、めちゃくちゃ感動したし、今でもそのときのことってすごくいい印象として残ってるんですよね。

感情の起伏が激しいというのは、ありのままの自分を生きている証拠。

そして人を動かすのは、正しさよりも感情。
どんなにＡＩが発達しても代替できないものも、やっぱり人の感情なんです。

大人ぶって冷静にしていたところで、誰の感情も揺さぶることはできません。

みんなが大人なフリして無理やり自分の感情を押し殺す人間関係より、だれもが自分の気持ちに素直でいられて、つらいときにはつらいって素直に言える関係のほうが素敵じゃないですか？

悲しいときは悲しそうにしていたら、きっと周囲は慰めてくれるでしょうし、壁を作っていた時よりずっと仲良くなれ、愛されるというもの。

これに気づいてからは、気分で態度を変える上司のことを「この人は、自分の気持ちにめちゃくちゃ素直な人なんだな」と思えるようになってイライラ減少。

私自身は「楽しくてもあんまりはしゃぐのは恥ずかしい」みたいな、少し斜に構えて我関せず、みたいにしてることも多かったのですが、普通にはしゃいで、怒って、泣いて……ってできるようになったら、職場の人との距離も縮まりました。

自分がさらけ出すと相手もさらけ出してくれる。

いかに自分からとっととパンツを脱ぐかだなって、つくづく感じます。

モヤモヤしたら「ちゃん卒」チャンス！

結局のところ、職場の人間関係にイライラしたりモヤモヤする原因って、自分自身に「ちゃんとしなきゃ」という色々なルールを課しているからなんですよね。

✦みっともない姿を晒してはいけない
✦恥知らずだと思われてはいけない
✦人の気持ちを常に考えなければいけない

✦人に迷惑をかけてはいけない
✦謙虚でいなければいけない

などなど。つまり、相手の問題ではなく、自分の問題なのです。

以前、講座生からこんな質問がありました。

「職場の年上の男性で、仕事をしないのにやっていると言ったり、必要のないことをして残業したと申請する、間違いを指摘すると逆ギレをする。他のスタッフとも上手くいかないという厄介な人がいてイライラします。これも自分の問題ですか?」

この講座生は、いつもとっても頑張っていました。
自分が全力を尽くし、ちゃんと皆に認められるだけのことをしてからじゃないと「やっている」とは言わない。ましてや嘘なんて絶対につかない。
残業は本当に必要なことだけ、それもなるべく最短時間で終わるように努力している。人に間違いを指摘されたら、まずは素直に受け入れて謝罪するようにしている。他のスタッフとは協力しあって、円滑な人間関係の構築に努めている。

だから、そうじゃない人が許せず、イライラ、モヤモヤしてしまうのでしょう。

私からのアドバイスは「あなたもそうしたらいいじゃない」ってこと。

あなたも、仕事をしないのにやっていると言い、必要のないことをして残業したと申請し、間違いを指摘されたら逆ギレし、他のスタッフにも好き勝手に振る舞って、気なんて使わなければいいじゃない。こう言うと、

「そんな非常識なことできません！」
「そんなことしたら仕事が回らなくなります！」
「同僚にも迷惑がかかります！」
「お給料をいただいているのだから、頑張るのは当然でしょ？」

とまぁ、こんな具合に反論が出てくるわけですよね。

彼女は、お仕事や職場の人間関係に関してはとてもちゃんと頑張っていました。
しかしその一方で、自分を大切にする努力はどうでしょうか。

自分自身の「気持ち」を大切にする努力は、あまりできていなかったのです。

仕事なんて所詮、自分が幸せに生きるための手段の一つでしかありません。

なので、仕事によって自分のことを大切にできなくなってしまうのは、本末転倒。

会社の仕事や同僚の前に、いちばん自分が大切にすべきなのは、自分自身なのです。
そんなに自分を律して、頑張らなくても大丈夫。
現に、同僚の男性だって、なんとかなってしまっているわけです。

仕事は他にもありますが、自分を大切にできるのは自分だけ。

自分に厳しく、自分を律していたところで、好きでしていると思われるのが関の山。誰にもその努力を認めてもらえたりはしません。逆に、いつもピリピリしている人だなって敬遠されることすらあります。

以前の私は、仕事とは試練のためにするものであり、仕事を楽しむなんて「それじゃ、まるで遊んでるみたいでおかしい」などと思っていました。

でも仕事は、自分を幸せにするためにするもの。

目指すべきは、ちゃんとした働き方ではなく、自分がいつも笑顔でいられる働き方なのです。

嫌いなことや苦手なことで
生きていけるほど、
世の中甘くなくってよ。

第3章

マインド編

～「ちゃんと」呪縛から自由になるには？

昼寝レベルでも、人の誘いを断ってみる

ここからはプライベート全般を含む「心のもちかた」について書いていきたいと思います。

以前の私は、したくもない残業や行きたくない飲み会、やりたくもない家事などの、「やりたいこと」より「やるべき（と思い込んでいる）こと」を優先していたので、一見スケジュールびっしりの、多忙なリア充でした。

その結果、自分の時間はたまたま何も予定が入らなかったときだけ。そしてその時間ですら疲れて寝るくらいしかできず、自分について考えたり、興味のあることを学んだりといった、「自分のための時間」が全く取れていませんでした。

今思えば、スケジュールを組む順番が、完全に逆だったんですよね……！

まずは「自分がやりたいことをする時間」や「休息」をしっかり確保。
それから余った時間で他の予定を組むべきだったんです。

そうしないと、自分の時間なんて永遠に確保できません。
自分以外に、自分の時間が無くなるのを気にしてくれる人なんていませんよね。
自分のことを最優先にしてくれる人も、自分以外にはいないんです。

今の私は、たとえ時間が空いていても、行きたい予定以外は絶対に入れません。
以前は結婚式など「一見、大事であろう」予定っていうのは、誘われたら行かなくちゃって思ってました。

でも今は、自分自身が行きたいのかを一度立ち止まって考え、気が向かない時は「その日は予定があります」と連絡して終わり。

まぁこの予定って「昼寝をする予定」とかなんですけどね（笑）！　でもブログを書く予定でも、本を読む予定でも、なんでもいいんです、私にとって大事な時間であれば。

だから先に予定が入っていても、後からもっと行きたい予定が入ったらそっちを優先するし、当日になって気分がノリ気じゃなかったら、たとえチケットを購入してあっても、行かないこともしょっちゅう。

お金はもったいないかもしれないけど、もし行きたくないのに無理して行ったら、お金に加えて時間と労力まで無駄になるのです。

「飽きっぽい」は行動できる才能

世間には趣味でも、勉強でも、興味を持ってやり始めたのに続かない……って悩んでる人、多いですよね。私も以前は飽きっぽくて何一つ続かない自分が本当に嫌で、

だから私は何してもうまくいかないんだ……って思ってました。

スポーツジムなんて、今までに5回は入会してるけど、毎回通えるのは最初の2週間だけ。一度でも雨が降ったらもう行けなくなってしまうくらいの根気のなさです。

そんな自分に諦めがつかず、ついにはジム付きのマンションに引っ越したことすらある私。だけどそのマンションで暮らした8ヶ月間、ジムに行けたのはなんと10回以下。そこまでして、ようやく自分は運動やジム通いが嫌いだと、認めることができました。

ジム以外でも、例えば去年は「インスタグラムに力を入れよう！」と決意して、プチ整形までしたのに（笑）まともに投稿できたのは7回だけ……。さらに「インスタ

がダメならユーチューブだ！　まずは１００投稿までとにかくやる！」と決意して始めたはずなのに、これもわずか13動画で終了……。

その他にも、ちょっと手を出してはすぐ断念したことなんて、もうめちゃくちゃたくさんあります。

「資金調達するようなベンチャー企業を作ってみたい！」って思い立ってみたり、「スクール事業を始めよう！」っていろんな人に事業プレゼンしてみたり、「家事育児付きマンションを作りたい！」ってシェアハウス運営してる方に何人も会いに行ってみたり……。

その他にも、「会員制の婚活事業」や、韓国からブランド物などを輸入販売する「物販事業」、プライベートでは「リトリート合宿」「韓国語」「瞑想の習慣」「自炊の習慣」などに、少し手を出してはすぐ断念してきました。

これ全て、去年1年間だけの出来事です。思い出せる大きめなものだけでもこんなにあるんだから、思い出せないものもこれ以上にたくさんあったはず。
しかも私、思いついたらすぐ人に話すんで、多分「次はこれをやる!!」って宣言しても、もう誰も信じないんじゃないかと思います（笑）。

でも、あるとき気づいちゃったんです。

私は人よりもスピードが速いだけなんだ！
やりたいと思ったら最速で始めるから、最速で飽きているだけなんだ！と。

そもそも、始めなかったら飽きることもできないわけです。
だから飽きたということは「少なくとも行動はした」ってこと。
成功の反対は、失敗ではなく挑戦しないことです。
だから挑戦しただけでも、人生にとっては確実にプラスなのです。

「また続かないかも……」と思って何も始めなかったら、本当に好きな事を見つけるチャンスまで失ってしまいますよね。

だからみなさんも、気になったものは片っ端からどんどんチャレンジして、好きか嫌いか確かめてみましょう。

とりあえずやってみて「やっぱり違うかも?」って気づいたら、すぐにやめて、次。

試して違うと分かったら、もうそのことで悩まなくていいし、もしもまたやりたくなったら、そのときにまた始めればいいのです。

ブレるのは進化の証

飽きっぽさもさることながら、私は自分の意見もすぐにコロコロ変えます。

例えば家族旅行。一度決めた旅行プランも、当日になって「やっぱりこれからココ行こう!」って、その場でどんどん変えちゃうし、予約してあるホテルを急遽移動することもザラ。

仕事も同様。先日は、７００名以上の方に参加いただいた大きな講演会で、開始10分前にものすごいアイディアが浮かんでしまい、急遽開会式のプランを変更しました。あのときのスタッフの、うんざりした顔は忘れられません（笑）。

でも私に言わせれば、これも現状に満足せず、常に「どうしたらもっといい結果になるか？」を考え続けているだけなのです。

結局、最後に残るのは経過ではなく、結果のみ。

「みんなに迷惑がかかるし……」という理由で、最高のプランを諦めて妥協したところで、誰も幸せにはなりません。

まぁ「せめてもっと早く言ってよ！」ってクレームは毎回受けますし、これに関してはもう謝るしかないんですけど……。

私があまりにもこうして自分の意見も行動もコロコロ変えるので、付き合いの長いメンバーはもはや、私が「今度はこうする！」って決めたことに対しても「またなんかゴニョゴニョ言ってるけどそのうちやっぱ違ったわ！ってなるだろう」と生暖かく見守ってくれています。

仕事の章でも書きましたが、大事なのはポジショニングだとつくづく実感します。

そういえば1冊目の書籍や当時のブログでは「私は家事は一切やらない。家事代行サービスの方に来ていただき、料理は気が向いたときだけ月に1～2回ほど。そのおかげでストレスなく娘にも接することができる」と豪語していた私ですが、一時期「やっぱりこれからは自炊しよう！」と決意したことがあったんですね。

そのことをブログに書いたところ、5chで「ブレまくりだ」と思いっきり叩かれてました（笑）。

石の上にも3年、継続は力なり、などのことわざがあるように、日本人は一度決めたことをやり通すのを美徳だと感じている方が多いです。

「武士に二言はない」フィロソフィーが、令和の今に至るまで引き継がれているのはすごいことですよね。

私の前世はきっと武士ではなく、位の低い商人だったのでしょう（笑）。だから「気が変わりました」「やってみたら違ったからやめました」で全然いいと思っています。

以前と言っていることが違うかどうかより、その時の自分に一番フィットしてるものを、常に選べたほうがいい。

意見を変えたくなったら、「また私は、次の高みに登ってしまった……！」って思っておけばいいのです。

一度決めたことを変えずにやるというのは、「成長していない」という可能性すらあると思います。

なんなら私、そんな具合にブログでドヤっておきながら、その自炊すら3日くらいで断念しましたからね。面倒になっちゃって(笑)。

5chの民には、ブレブレだとしょっちゅう叩かれている私ですが、はっきり言ってブログに宣言する内容は私の中では相当に確度が高いものだけ。

なので普段の私は表で見せている100倍はブレてます。

私のブレっぷりを、甘くみないでいただきたいと思います。

プライベートでもメンヘラで魅力開花

私は人の魅力っていうのは、大人になる前の、常識や世間の「ちゃんと」に洗脳されてない自分に隠れているんじゃないかと思っています。

要するに5歳くらいの頃の自分が、本当の自分なんじゃないか、と。

うちの娘を例にすると、エレベーターのボタンが押せないだけで床でジタバタ号泣したかと思いきや、次の瞬間にお菓子を見てハイテンション。本来、人というのはこれくらい豊かな感情を持っているんだなと、いつも感心してしまいます。

それに気づいて自分の感情を開放していった結果、今の私なんて、もはやメンヘラそのものです。

普段から1日に1回くらいは泣いてそうだし、メンタルクリニックの「感情の起伏が激しく、自分では抑えられない」にはかなり食い気味のYES!

よく「メンヘラは男性には嫌われますよね」って聞かれますが、嫌われるのはヒステリックに当たり散らしたり、あなたのせい、ってメソメソする系のメンヘラだけ。男性って自分が原因で泣いている女性の涙は苦手だけど、自分以外のことが原因で泣いてる女性の涙は、むしろ大好物なのです(笑)。

だから感情をあらわにして全身で喜んだり、感動してすぐに泣いちゃうようなメンヘラは、むしろ男女問わずモテるので大丈夫!

こんな具合に自分からさらけ出しているから、私の周りでは、みんなも素直な自分をさらけ出してくれるんだと思っています。

感情を抑えることが普段から当たり前になってしまっていると、どんどん自分でも自分の感情が分からなくなっていきます。いわゆる感情が麻痺してるというやつ。

講座生も、最初は「先日こんなことがあったけど、自分でも悲しいのか、腹立たしいのか、嬉しいのかすらわからない」みたいな状態になってしまっている人が、ものすごく多いです。

そうなると、前述した「違うと思ったらすぐやめる」ってことも、できないんですよね。自分でも、楽しいんだか楽しくないんだかよく分からない……みたいな状態になってしまうから。

特に、ストレスの多い職場にいる人は、感情が麻痺してる率が高いです。

「いちいち感情に揺さぶられてたら仕事にならない」って部分はあるとは思うのですが、少しずつでも自分の感情を意識して、拾い上げる練習をしてみませんか？

自分の感情が自分で感じ取れるようになってきたら、それを少しずつ表現してみましょう。どんどん周りにも、自分らしさが伝わるようになりますよ。

謙虚なフリこそ、モテない理由！

私はつくづく、「謙虚は美徳」というのも、日本独特の文化だな～と感じます。

綺麗ですね　↓私なんて全然綺麗じゃないです！
気が利くね　↓私よりすごい人はたくさんいます！
みたいな……

一見いい人に見えるし、謙虚な女性はモテる・仕事ができそう・いい人そうって勘違いしている方も多いですが、はっきり言って謙虚な女性はモテません。

褒め言葉を否定するってことは、相手を嘘つき認定してるのと同じこと。
いただいたプレゼントを、相手の目の前で捨てているようなものなのです。

まぁもちろん私も以前は、謙虚であることを美徳と考えていました。

謙虚じゃないと人に嫌われる！って思い込んでましたよ。

だから漫画『タッチ』の南ちゃんが、クラスメートに「今日も可愛いねー！」って言われて「ありがと」って一言で返したシーンに対して、「え、自分でも可愛いって思ってるってこと？　クラスメートたちはこの返答に対して違和感なし？」って、とても衝撃を受けました。

で、ここでもやっぱり前述の娘の言動が参考になるのですが、彼女は、
「わ、これ自分で作ったの？　すごい!!」って褒めると

「これもできるよ」「こんなこともできるし」って次々に披露してくれて、トドメには「まだ5歳なんだけどね」ってドヤってきます（笑）。

考えてみたら、褒めても「自分なんて大したことないっす」って言ってくる子どもがいたら、少し心配になりません？　つまり人って本来、謙虚ではないのです。

いや、子どもなら可愛いけど大人はちょっと……って思うかもしれません。

でもこれも、例の前職の社長は、いつもしてたから大丈夫（笑）！

取引先に褒められたら「この前もこんなことがあったんですよ」って、さらにすごいエピソードを上から被せていくのが社長流でした。でも社長としてはドヤっているつもりはさらさらなく、単に事実を伝えているだけなんですよね。

結局「相手にどう思われるのか？」などと変な勘繰りをせず、人に対していかにありのままでいられるかっていう話なんです。

「ちゃんと」をやめるポイントは、いかに世の中や周囲の人間に対して「自分のままでいても、嫌われないから大丈夫」と思えているかどうか。

普段、外では謙遜ばかりしてしまう人でも、自分の母親や夫、子どもなんかに対しては、もう少し堂々と振る舞えていませんか？

それこそが素直なありのままの自分。

こう伝えると「私は家族の前では性格が悪いんです！」って言う人がいるけどね。

そっちが本当のあなたですから～（笑）!!

だから、外でも堂々とそのままでいたらいいんです。

自分に自信を持ち、素直でいられる人というのは、人からも好かれますよ。

親への遠慮・気遣い、逆効果

「ちゃんとしなきゃ後ろ指さされる」と思ってた頃って、自分がどうか？よりも、人にどう思われるか？のほうが自分にとっては遥かに重要でした。

人生や社会というのは「食うか食われるかの戦いの世界」だと思ってたので、「ちゃんとしてない」は、「人に弱みや攻撃される隙を見せること」と同義でした。

その考え方がガラリと変わったきっかけは、自分の母親に対する感情が変わったことでした。

プロローグに書いたように、私は母のことを信頼できない時期がとても長く、そのときは他人のことも信頼するのが難しかったんです。

苦手なことを努力しなきゃと思ったり、褒められても素直に受け取れなかったり、人に少し何かを指摘されただけですぐに落ち込んだりしてしまうのも、全て他人に対する手放しの信頼ができていなかったことが原因だったと、今ならわかります。

というのも、多くの人にとって、親は世の中で一番最初に出会い、幼少期に一番たくさんの時間を過ごし、一番介入をされる「他人」。

それゆえ自分にとっての「他人」のベースは、親の人間性や、自分と親との関係性に密接に関わってくる。そんなケースが、講座生を見ていても多いんです。

親っておそらく、世の中で自分のことを一番信頼し、愛し、何があっても応援してくれるはずの存在。

その親にすらどう思われるかが気になり、本音や言いたいことも言えず、自分らしくいられなかったら、他人の前で自分らしくいるなんて不可能だと思いませんか？

なので、人の目を必要以上に気にせず、自分らしくいたいのであれば、まずは親に対して、自分の気持ちを何でも素直に話してみるところからスタートしましょう。

親のことを信じることができれば、他人に対しても必要以上に疑い深くならず、安心して信頼することができるようになるんです（詳しくは前著『嫌なこと全部やめたらすごかった』をご一読ください）。

でも多くの人には、「親のことを大切に思っているからこそ、悲しませたくない、安心させたい」という気持ちがあるのも事実。

そこで一度、親側の立場に立ってみましょう。

自分の子どもが、親である自分に遠慮して本音を隠していたら、少し切ない気持ちになるはずです。

もしも子どもが実は学校でいじめられているけど、親に心配をかけたくないから黙っていたり、本当は進みたい進路があるけど、お金で困らせたくないから親には一切相談しないまま諦めていたとしたら……？

健気だとは思うし、本人が自己成長のためにとった選択なら見守る以外にはないけれど……。そもそも、我が子に幸せに生きて欲しいと思っている親からすると、やっぱり何か悩んでいることがあるなら相談してほしいし、何か自分にできることがあるならしたい……って思いません？

それは、我が子が大人になってからも一緒だと思うんです。

だから親に遠慮するのって、的外れなことが多いんですよね。

しかしながら講座生の話を聞いていると、親に遠慮してる人がものすごく多い。

親が悲しむから、という理由で、自分は必要ないと思ってるけど定期的に連絡をしたり、面倒でも帰省したり。

本当は結婚する気なんてさらさらないのに、婚活中のフリをしてたり、退職できなかったり、離婚を思いとどまってたり……。

親は、自分の人生経験から「こうしたほうがいい」とあれこれ口を出してきたりするだけ。ちゃんとした仕事に就いて、しっかりしたいい人と結婚して、早めに子どもを産んで……とか大きなことから始まり、体型について、子どもへの接し方について、食事についてなどなど、細かいことまで色々言ってくる親は、まあ、多いです。

でも自分が親の立場で、我が子に声がけをするシーンをイメージすると分かるのですが、何も自分の言うことを全て聞くべきと思っているわけではなく、親としてはイチ意見・アドバイスのつもりでしかなかったりするんですよね。

最終的には子どもは自分で決断するし、本人が決めたことであれば応援しようと思っているものではないでしょうか。

つまり、親へ遠慮するばっかりに、自分の本当にしたい人生ではなく、親が喜びそうな人生を選んでいるとしたら、親からすると完全に本末転倒なんです。

だから、「自分の本当の気持ちを他人に伝えても大丈夫」「相手も自分のことを応援してくれる」ということを体感するために、まずは親に遠慮せず、素直な自分の気持ちを話したり、ありのままで接するのは、とても有効。

最初はＬＩＮＥを既読スルーしてみるとか、いらないものをくれた時なんかに「これはいらないから大丈夫」って伝えてみるとかでもいい。

「ちゃんと」を意識してきた女性は、これすらできない人が本当に多いんです。

次に、もし親に遠慮するあまりに、本当はしたいのにできていないことがあったら、一度「親が悲しむ」って視点を取っ払って考えてみることをおすすめします。

あなたが、自分のやりたいことをして幸せになること以上に、親を幸せにする方法は、ないのです。

罪悪感は悪いフリ。だけどそこに原石あり

ここまで書いてきたことについて、「言いたいことは分からなくはないけど、実際に行動に移すのは難しい。罪悪感もあるし……」って声が聞こえてきそうです。

でもですね、実はこの罪悪感にこそ、「ちゃんとしなきゃ」という思い込みによって、無意識に押さえ込まれた「本当の自分らしさ」が隠されているんです。

罪悪感というのは「常識」と「自分の本心」が乖離したときに生まれるもの。

つまり、人目があるから一応「悪いと思ってますよ〜」というポーズをとっているだけで、自分の本心では「悪いとは思っていない」とき、自分の中に調整役として巻き起こる感情。それが罪悪感の正体なのです。

講座生の話などで多いのは

✦仕事を全力で頑張れていない
✦結婚や出産をしていない
✦あまり子どもの相手ができていない
✦夫との関係がうまくいってない　などなど……。

「そんなことないです！　私は本気で悪いと思ってます！」
って反論されることも多いです。

でも、例えばムカついたからっていきなり相手のことを殴ったり、お腹が空いたからって、お店にあるものを勝手に食べたりする人は滅多にいません。
こういう衝動は、罪悪感を抱えながら実際に行動に移すこともなければ、罪悪感があってできない……って思い悩むことすらない。人って自分自身でも悪いと思ってることは、罪悪感のあるなし以前に、そもそも行動の検討すらしないんです。

ここでまた私の持論である「子どもが一番、人間本来の姿」説です。

子どもには「罪悪感」という感情、ほとんどありません。

ところかまわず大声で叫んだり、気分のままに怒ったり泣いたり、人のものを取ったり、平気で約束を破ったり嘘をついたりするわけですが、それは「悪いことをしたい！」って考えて行動してるんじゃなくて、ただ単にそうしたいからしてるだけ。

それが世間一般では悪いと言われていることだなんて、知らないだけ。

かのアインシュタインも「常識とは18歳までに身につけた偏見のコレクションのことである」って名言を残しています。自分が「悪いこと」だと思っていることって、実は大半が他人の常識を押しつけられたものでしかありません。本当に自分自身で考えて「絶対に悪い」と思えることなんて、とても少ないのではないでしょうか。

極端なことを言うと、人を殺しちゃダメという、今の私たちにとっては当たり前の常識ですら、ほんの数十年前には良しとされていた時代があったわけです。

なので常識なんてものは結構まやかしで、地域や時代が変わればいくらでも変わるもの。法律だって同じです。

戦争が正義 vs 正義の戦いと言われるように、絶対的に正しいものや、絶対的に悪いことなんて、この世にはほとんどないんです。

で、罪悪感の話に戻りましょう。おさらいすると、

自分自身は正直そこまで悪いとは思ってないし、正当化したい理由もある、けど周囲の人や世の中には〝悪いと糾弾されそう〟だから、一応、自分でも悪いって自覚してることをアピールしておきますね～。

ってときに持ち出すとちょうどいいのが、罪悪感という感情です。

あなたにもありますよね、一般的には良くないって自覚しているのに「選んでし

まった」「選びたいと思った」選択肢。そこにこそ他人の価値観には左右されていない、本当のあなたらしさが隠れているのです。

自分の選択に罪悪感を感じたら「私、本当はそうしたいんだ」って認めてみましょう。

そこにこそ、「ちゃん卒」ポイントがあるはずです。

ちなみに講座では、この罪悪感の話、すごく盛り上がります。

というのも、各自が罪悪感を感じるポイントを挙げていくと、他人から見たら本当にしょうもないことが多くて（笑）。

例えば「ベッドカバーを全然洗濯できてない」とか。

もしそれが本当に洗濯が必要なくらい汚れてたら、罪悪感を抱きながら放置する前に、とっとと洗ってるはずです。本心では「たいして汚れてもないし、洗う必要なくない？」って思っているから洗ってないだけ。

でも「人は一晩で１００㏄の汗をかいてますので、ベッドカバーには見えない汚れがあります！　せめて週１は洗いましょう！」などという情報が気になり、本当はやりたいけどできてないってポーズを決めているだけなんですよね。

他人からしたら「自分が洗いたくなったら洗えばいいじゃん」で終わりです（笑）。

人に糾弾されると思っているからこそ抱く「罪悪感」なのですが、この「人」って誰？って考えたら結局、自分の親だったりするんです。つまり、この罪悪感も、実は親の価値観がかなり色濃く影響してることが多いのです。

でも当然だけど、親と自分は違います。近いように見えて、実は生まれ育った環境も、時代も、何もかも全く違うのが、親という存在。

親の価値観というのは自分と比べれば、まだ同年代のその辺のおばちゃんとのほうが、近いはずです。

でも見ず知らずのその辺のおばちゃんの意見や価値観を全て鵜呑みにして、人生を決めようなんて誰も思わないですよね。

なので、たとえ親の意見・価値観であっても鵜呑みにせず、その辺のおばちゃんの戯言ってくらいに一線を引いておきましょう。

もし親の価値観と自分の価値観が一緒な場合は、むしろ自分は数十年古い価値観を持っているんじゃないかと危機感を抱いてもいいくらいです。

短所も自分らしさ開花の鍵

ついでに、自分の短所だと思っている部分についても同様です。

悪いと思ってるフリ、ちゃんと直さなきゃと思ってるフリをしてるくらいなら、堂々と長所として活かしたほうがいいんです。

私の場合だと、「考えがコロコロ変わる」のは短所と思ってたけど、見方を変えれば「常に考え続けてる人」という長所になる。
また、人に気遣いができないのは、正直で裏表がない性格だから、と言えます。
あと、時間を守れないのは、自分の中での優先順位が明確だから、とか。

そんなの単なる開き直りじゃん、って⁉ ええ、その通りです‼

私は、気遣いができない人間になりたいなんて一度も思ったことないのに、生まれたときからなぜか気遣いができなかった……。
だからもう、そういう星の下に生まれたと思うしかないし、開き直って、それを長所として活かしていくしかないんです。

罪悪感に負けることなく堂々と自分らしさを発揮しましょう。
さらにそこを強化すればするほど、どんどんあなたらしさが開花していきますよ！

飽きた、ブレた、
意見が変わったですって？
あなた、また次の高みに
登ってしまったわね！

第4章

家庭・育児編

~「ちゃんと」してる場合じゃなかった!

家事も育児も苦手な人、意外と多いよ

——「いい女」「ちゃんとした女性」は家事が得意。
——家事が苦手な女性は絶対に結婚できない。

以前の私は、そんな思い込みに囚われてました。

だから自分1人でもちゃんと家事ができることを婚活相手にアピールするため、どんなに経済的に困窮してもずっと一人暮らしを貫いてたし、聞かれてもいないのに家事についてめちゃくちゃ語ってました(笑)。

料理なら「インスタント食品は使わない!」「お惣菜なんて買ったことないー!」

「外食より自分で作る料理のほうが美味しいしー！」「もちろん弁当も毎日作ってる！」など豪語しまくってたわけです。

でも思えば、家事が得意なのと「いい女」がどう繋がるのか、全くもって謎……。

だって考えてもみたら、もしも「家事が得意」がいい女の条件なのであれば、メイド文化が当たり前のアジア諸国などではメイドが妻候補として一番人気になるはずですよね。でも実際には、妻とメイドは全く別。妻に求められているのはそれよりも、美しいとか、一緒にいて楽しいとか、そういう部分なんです。

現に私も、苦手な家事を必死に頑張ってアピールしてた頃より、「家事は嫌いだから、一切したくない」と公言するようになってからのほうが断然モテるようになりました。

もちろん、家事が好きという方に対して「家事が好きなんておかしい！」というつもりはありませんし、妻に家事力を求める男性もいるとは思います。

でもそれは、例えば、結婚相手に「一緒にスポーツ観戦を楽しめる人」を挙げる人と同じようなものだと思うのです。

パートナーに家事をして欲しい人と、家事が好きな人同士でうまくいけばいいし、自分がスポーツ観戦が好きじゃないからといって劣っていると考える必要はない。単なる趣味嗜好の世界であって、好きになるべき、できるべき、とも全く思いません。

そして、いまどきの40代以下であれば、女性に家事力を求める男性は、女性が思っているよりもずっと少数派です。

育児も同様です。私は昔、子どもが苦手というのは女性として致命的だと思っていました。今でも子どもが得意になったとは1ミリも思いませんが、娘のことはめちゃくちゃ可愛いし大好きで、無事に子育てもできています。

家事も育児も、特に女性は自分が苦手だと認めるのに勇気がいる風潮があるけれど、本当に好きだったり得意な人のほうが、実は少ないと思います。

私は5年ほど前から、キッズラインというベビーシッターや家事代行スタッフとのマッチングサービスを活用し、家事や育児を外注しています。

以前、いつも来て頂いてる方に「家事って大変なのに、なんでこの仕事を始めたんですか？」って聞いてみたことがあるんです。そしたら彼女は、「元々、掃除とか整理整頓などが大好きで。家事をするだけでお金が頂けるなんて、むしろ最高だと思いました！」って答えたんです。

これが、家事が苦にならない人の発想か……！と衝撃を受け、やっぱり自分はどう考えても家事は苦手だと再認識しました。私は掃除するくらいなら汚いほうが１００倍マシだから。

また私は、上の娘が4ヶ月の頃からベビーシッターもフル活用してきたのですが、シッターさんの子どもと遊ぶスキルを見るたび、自分との違いを実感せずにはいられません。一冊の絵本を読んでも、私なら1分で終わってしまうところ、二人で30分は爆笑しています。

これも彼女たちに話を聞くと、大人と接するより、子どもと接しているほうが楽しいそうです。

このように、家事をする仕事や、子どもと接する仕事に就いている人の中で、それしか仕事がないから苦手だけど仕方なく……という人は非常に稀です。私は、世の中に数ある仕事の中から、こういった職種を自ら選んで就いていたり、一度でも検討したことのある人だけが、本当に家事や育児が好きだと言えるんじゃないか？と思っています。

そう考えると、おそらく9割くらいの女性は家事・育児が別に好きでも得意でもないはずですよね。

そのことを素直に認めてしまいましょう。

家事は週３時間で大丈夫だった

そんなわけで、私も夫も家事が好きでも得意でもないため、私たちは普段、全くと言っていいほど家事をしていません。

洗い物、洗濯、居室や水回りの掃除、ゴミ捨て……およそ家事と言われるものは全て家事代行に外注。しかも依頼しているのは週１×３時間のみ。

私は元々、清潔感度が恐ろしく低いんですよね。部屋が汚くても全然気にならない。だから使ったティッシュも、なんなら娘の脱がせたオムツまでしょっちゅうそのへんに放置されてました（笑）。

総務省の資料によると、日本家庭の平均的な家事時間は１日３時間ちょいで、週に

21時間程度だそうです。

となると、家事代行はお金がかかると思う人もいますが、このように我が家はそもそも家事の総量が恐ろしく少ないため、全ての家事を外注していても月に3万円程度でおさまっています。コストパフォーマンスで言えばかなり高いんじゃないか？と思うんです。

一人暮らししていた頃は、こんなんじゃ人としてダメ！　大人たるもの、女性たるもの、ちゃんと掃除できるようにならなきゃ！　これじゃ結婚できなくなる！って思い、部屋に「整理整頓」という貼り紙までして頑張っていました。

でも、あるときに気づいちゃったんです。

正直、私は部屋が汚くてもあまり気にならない、と……。

そしたら、それはむしろ才能なんじゃないか？と思うようになりました。

清潔感度が低ければ、そこに対する時間と労力をかなり節約することができる。

精神的にもラクでいられます。

これも、世の中で言われている「ちゃんと」に縛られる必要なんて、なかったんです。

家族にお願いしたり外注を検討する前に、まずは普段、自分たちがやっている家事について、本当にどうしてもこの頻度ですることが必要なのか？を見直しましょう。

そう、家事の断捨離。家事の総量を減らしてみるんです。

その上で、本当に「自分が」やらなければならない事なのかを、もう一度考えてみる。ここで改めて、夫婦の家事分担を見直すとか、食洗機や乾燥機などの機器を使うとか、家事代行の検討などをするのがおすすめです。

「旦那さんにお願いすると結局やり直しになって……」という講座生もいるけれど、そんなときこそむしろ「これでも気にならない人がいる＝これでも大丈夫なのかも？」ということを発見するチャンス。

自分の「ちゃんと」をどんどん疑っていきましょう。

しなきゃいけない子育てなんてほぼない

話は遡って、1人目の子の妊娠中、私はこれから訪れる育児や仕事復帰がとても不安でした。

当時勤めていた建設業界では、基本的に出世しているのは未婚の女性ばかり。1000人に1人くらいは、子どもがいても変わらずバリバリ働いてるスーパーウーマンもいましたが、それは両親のフルサポートがある場合のみ。ほとんどのワーキングマザーは、時短でキャリアからは遠ざかっていました。

私自身、出産前の仕事量をこなしながら、家事も育児も両立するイメージなんて全く湧かず、途方にくれていたのです。

一方、北欧の親会社をはじめとした海外のグループ企業に目をやると、海外の女性たちはもっとラクに仕事と家庭を両立しているように見えました。

私の場合、普段やり取りが多かった国はフィンランド、ドイツ、マレーシア、アメリカだったのですが、３人の子どもを育てながら取締役などに就いている女性もザラ。日本ではあまり想像つかないですよね。

この違いを目の当たりにした私。彼女たちの秘密を探るべく、実際にどうやって子育てと仕事を両立しているのかを直接聞いたり、海外の子育て情報や育児書を読みあさったりしていました。

その結果わかったのは、私たちが普段当たり前だと思っている日本の育児の常識って、世界的にみたらかなり特殊なものばかり、ってこと……！

日本では当たり前だと思われている母乳信仰も、手作りの食事も、寝かしつけ文化も、一日中の抱っこも、毎日の沐浴も、３歳児神話も……どれも海外では、全く一般的じゃなかったんです。

もちろんどこの国にも、同じようなことを提唱している人はいます。でもそれを実行する母親は「いい母」というより「ちょっと特殊なこだわりのある変わった方」、ってくらいの扱い……。

で、私はなにも「海外ではそれが当たり前なんだから、日本も合わせるべき！」って言いたいわけじゃありません。

日本では当たり前とされている至れり尽くせりな子育ても、母親自身が好きで楽しんでしているのなら、それは素晴らしいことだと思っています。

でも少なくとも私に関していえば、この日本でのいわゆる標準的な子育てをすることは、自分にとってはとても負担に感じました。

本当は自分でやりたくてしているわけじゃないけど、もしもそれでなにかしらの悪影響があったら嫌だから、頑張ってやるしかない、けれど、とてもできる気がしない、と途方に暮れていたのです。

日本の育児情報には、例えば母乳じゃないと免疫力が……とか、寝かしつけや抱っこをしないと母親との愛着が……など母親の不安をあおる内容がとても多いです。

けれども、じゃあそれで本当に日本人は、海外の人と比べて免疫力が強かったり、親からの愛情に満たされ、優秀な人間へと育っているのかどうか……と考えたときに、必ずしもそうではないことに気づいたんです。

海外の方法に合わせる必要は皆無だけれど、不安からどんどんやることが増えて自分が苦しくなるくらいなら、こういった事実を踏まえた上で「本当にそれは必要なことなのか？」を、ゼロベースで考えてみてもいいのでは？と思ったのです。

そんなわけで次からは、私が主に海外の事例などを参考にしつつ実践してきた育児について、具体的に書きました。

正直、日本ではネグレクトと言われてしまったことも何度もあるので、実践には勇気が必要なこともあると思います。

でも、みなさんが自分に置き換えて考えてみるきっかけになれば嬉しいです。

iPadは好きなだけ見せてみる

私は子どもの遊び相手を、自分の気が向いた時しかしてません。これは私が子どもの相手が苦手だからってことも、あるんですけど。

それよりも、子どもが自分で自分自身の機嫌を取れる人でいることのほうが大切だと思っているからです。

なので1人目の子が小さいときから、本人が1人で楽しめる方法については、けっこう模索してきました。

そんなわけで1人目の子は1才半頃にｉＰａｄデビューをし、そこからずっと熱心に見続けています。

でも私も最初はｉＰａｄを育児に活用するのはやっぱり不安でした。

世間で言われているように、ネット動画では能動的に遊んだり学ぶ姿勢が身に付かず、自分の頭で考えられなくなるのではないか……コミュニケーションスキルが身に付かないのではないか……電磁的な刺激が目や脳に悪影響ではないか……など。

で、疑問に思ったことは、自分が納得できるまでとことん調べるタイプの私ですが、ｉＰａｄの影響に関しては、どんなに調べても明確に納得できる答えは見つかりませんでした。

というのも、これは今までの時代には存在していなかった全く新しいテクノロジーであり、今までこの方法で子育てをした実例がないからです。

現在、心配されているデメリットは全て、確立されたものではなく可能性の話でしかない。そして基本的に人間はネガティブなものなので、今までにない新しいテクノロジーやサービスに対しては、まずは不安に思ったり懐疑的に思ったりするもの。

そのあたりを考慮した結果、私はテレビもｉＰａｄも、子どもには見たいだけ見せることにしました。

というのは、私としては、子ども自身が選ぶものこそ、子どもにとって一番適しているものだと考えているからです。

親であれば誰しも、子ども自身が持つ才能を伸ばしてあげたいと思っているはず。でもそう考えている親が実際にしている子育ては、子ども本人が選ぶことというよりも、世の中で正しい・良いと言われていることばかりな気がします。

そう考えると、子ども自身がｉＰａｄを選んでいる以上、それが一番子どもにとって興味関心を惹かれるものであり、才能を開花する可能性があるものではないかと思うようになったんです。

「子どもは何もわからないのだから、親が導いてあげるべき！」と私もよく言われますが、懐疑的に思っています。

確かに大きな事故につながる可能性のあることは教えるべきだけど、食べ物とか遊びとかに関してまで、親があれこれ口を出す必要なんてあるのでしょうか。

私たち親は、そんなに「正しい子育て法」を知っているものなんでしょうか。

私たちが生きてきた時代を、子どもが生きることは絶対にありません。

私たちは基本的に、古いのです。

私たちの時代の常識なんて、子どもの未来には全く通用しません。

自分たちの親世代が制限されていた漫画もテレビも、親世代が大人になる頃には巨大産業になっていました。
私たち世代であれば、ゲームやインターネットがこれに当たるでしょう。
今やネットゲームは、テレビ産業すら超えた巨大マーケット。

そして未来はどうなるのかというと、ＡＩやＩｏＴなど、インターネット活用はもはや当たり前。
ｉＰａｄを使わせる懸念の一つに「自分の頭で考えなくなる」「コミュニケーション力が落ちる」などが挙げられますが、そもそもそういったもの自体がどんどん不要になっていく時代なのです。

つまり、ｉＰａｄに興味を持つ子どもは、時代の流れに自然に従っているだけ、とも考えられます。

そしてｉＰａｄは、ものすごく強力な学習ツールでもあります。

私は子どもにほとんど何も教えてないのですが、アルファベットや数字、色、簡単な単語などは、子ども自身が自発的にｉＰａｄから学びました。

自分で選んだものって、人から教えられるものより、何倍も学習効率が高いですよね。

私たちだって、学生時代には何年もかけて英語を学んだけれど、実際に英語を使いこなせるのは、大きくなってから自主的に英語の勉強を重ねた人だけ。

世界各国の文化や情報に、こんなに無料でいくらでもアクセスできるって、本当にすごいことだと思いませんか？

こんなに子ども自身が能動的に学べる学習ツールを、あるかもわからない可能性に怯えて使わないというのは、とてももったいないと思います。

とはいえ、みんなが怯えて使わないでいてくれれば、私たち親子の優位性は上がるので、それはそれでラッキーとも思っています（笑）。

「周りに鈍感」くらいがちょうどいい

私は子どもを育てるときに決めたことがあって、それは「他人に『ちゃんとしたお母さん』って思われることは諦める」ということです。

私が子育てで一番優先するのは、誰よりも母親である自分自身です。
自分が常に気持ちに余裕を持ち、明るくポジティブでいられるようにすること。

そして次に優先するのが、娘の気持ち。その後に夫で、一番最後に他人です。

「ちゃんとしたお母さん」にならないといけない！って思うと、他人が最初にくるんですよね。他人→子ども→自分の順になる。

まずは他人に迷惑をかけることのないように気を配り、次に子どもが悲しむことのないように子どもの要求には全て応じてあげて、母親である自分自身をいたわるのは最後。この順で行くと、子育ては本当に大変なものになります。

私の場合は、もうその辺の人になんて思われようがどーでもいいので、危険なことや人に危害を加えることでなければ娘が選んだことを尊重し、大人の「常識」や「正しさ」は考えないようにしています。

これって、言葉で言う分にはそんなに変なこと言ってるとは感じないと思うのですが、実践するとなったら意外と大変です。

どういうことかというと、たとえ外で娘が騒いだりしても、ｉＰａｄを見せるなどして注意を逸らす工夫くらいはしますが、「人に迷惑だから座りなさい」とかは言わないということです。

そんなわけで娘はいつも出かけると、その辺をフラフラしては知らない家族に話しかけたりしています。「ちゃんと見とけよ」って思っている人も中にはいるかもしれないし、迷惑をかけているかもしれないけれど、私→子ども→他人の順で大事にするという自分の中のルールに基づき、変える気はさらさらありません。

なので「日本は子育てがしにくい」って話を子育て中のお母さんからはよく聞くけれど、私は正直これを感じたことが今までほとんどないんです。

世間に甘えまくって子育てしてるので、人の優しさを実感することのほうが多い。よって、子育てのしにくさは社会そのものというより、母親自身の捉え方による部分も大きいと思うんです。

そのことを実感したのは、最初の子が2歳頃のこと。当時、娘はエレベーターのボタンを押すことに命をかけていたのですが、その日は私がうっかり押してしまい、10人ほどの人が見ている中、娘がエレベーターホールの床に寝転がり手足をバタバタさせて大号泣したことがありました。

私は、うわーやっちゃったと思いつつも日常茶飯事だったので、「ごめんね～」などと声をかけながら落ち着くのを待ち、周りの人たちも「あらあら、この年頃は大変だよね（笑）」って微笑ましく見守ってくれていたんです。

でもその後エレベーターにのったら、一緒にいた母から「さっきみんな、すごい白い目で見てたよね」って言われ。驚いて「え！　そんな人いなかったよ！　みんな微笑ましく見守ってくれてたよ！」って答えたんですけど、同じシチュエーションだったのに、母にはそう見えたのか……と。

実際にどちらだったのかはわかりませんが、このように捉え方次第で同じ環境でも優しさを感じたり冷たさを感じたりすることは、いくらでもあり得るんですよね。

ちなみに世の中には人を見かけで判断して、弱そうだと思ったら攻撃してくるようなショボイ人もいるので、そういう人たちからの攻撃を防ぐ手段として、外見を変えるのは有効です。

自慢じゃないですが、私および私の家族って、その辺のお店でも店員さんにいきなり英語で話しかけられちゃうレベルで、多分日本人だと思われてないんですよね。するとこどもを騒がせていても「文化の違う方」だと思われてみんな諦めてくれます。サングラスをかけるだけでも効果はあると思うので、検討の余地ありですよ（笑）。

イライラしたらタスクを減らすべし

数年前、ｗｅｂ記事に「したいときだけする育児」というコラムを寄稿したのですが、寝かしつけをしない、遊び相手は気が向いたときだけ、ベビーシッターを雇っている……等を書いたところ「虐待」「ネグレクト」と、ツイッターを中心にかなり炎上しました。

どうやら「したいときだけする育児」というのは、子どもがいくらお腹を空かせていようが、オムツが替え時であろうが、泣いていようが、自分の気が向かないときは無視をするのだと思った人が多かったようです。

これを知った私のほうがむしろ驚きました。いくら「したいときだけ」と言っても、私はこういったことを面倒に思ったことは一度もなかったからです。

そして気がついたのは、世の中にはこういった最低限のお世話すら面倒に思ってしまうくらい、育児に疲れてしまっている母親が多いんだ……ということでした。

上の子は５歳なのですが、私は今まで子どもにイライラしたことがほとんどありません。「なぜイライラしないんですか？」ってよく聞かれるのですが、これはイライラするのを我慢してるわけでも、私が寛容なわけでもなく。

単にイライラするほどタスクがない、というだけだと思っています。

子どもに対してイライラすることに悩んでいる女性は多いですが、単にタスクが多すぎてキャパオーバーであるというのが根本原因じゃないでしょうか。

というのも、今の世の中で提唱されている子育ての常識の多くは、私たちの祖母〜母親世代の「専業主婦」が当たり前だった頃に作られたもの。

にも関わらず、現代では自分の母親世代がしていたのと同等の家事・育児をこなした上に、さらにフルタイムの仕事まで追加しようというのだから、冷静に考えて1人でこなせる物量じゃなくないですか？　前著にも書いたけど、すでに無理ゲーです。

フルタイムの仕事を2つ掛け持ちするのが無理なのと一緒で、そもそもが無理な話。なのに力技でなんとかこなそうとするから、女性のメンタルや夫婦関係の不仲などに影響が及ぶことになるのでは、と思います。

フルタイムの仕事をもつ母親が、家事も育児も全てワンオペする文化なんて、世界中を見ても、また日本の歴史上ですらほとんどないこと。

土台無理なことをしようとしているだけなので、まずイライラしてしまう原因が「自分がちゃんとできてないからだ」なんて思っちゃダメですよ。

周りはみんなこなしている……って見えても、周りもみんな、子どもにも夫にもイライラしながら何とかこなしているだけなので、参考にしてはいけません。

子育てのタスクを減らすいちばんの方法は「しつけ」をしようと思わないことです。この「しつけ」こそ、実は他人を最優先にする子育ての最たるものだったりします。

あと私は、娘が怒ってたり泣いてたりしているときに、その原因が自分にあるとは

1ミリも思いません。だからイライラしない、という面もあります。

例えば、ご飯食べなさいって言っても、子どもって食べないで遊んだりしますよね。その時に大抵のお母さんは

「私の言い方が悪いんじゃないか」

「こんなこともできないなんて、私は母親失格なんじゃないか」

とか、原因が自分にもあると思ってしまいがちです。

でも私の場合は「私の育て方が……」とかは思わず、単に、お腹空いてないんだな、これ好きじゃないんだな、今は遊びたいんだなと思うだけ。

全部、子ども自体に起因するものしかない。自分は全く関係ないと思っています。

だから私は、「しつけ」と言われるようなことをほとんどしていません。

子どもが食べるものも、寝る時間も、多少は口を出すこともありますが、ほぼ子ども自身の自主性に任せていますし、「ちゃんとできてない」って悩むこともありませ

ん。ママ友に言わないようにしているくらい（笑）。

「ちゃんとしなきゃ」という思いからくるしつけを手放すだけで、子育てのタスクは激減します。

「自分最優先」が育児に効いた！

ここで改めて私自身の子育ての軸について書いてみたいと思います。

私が子育てにおいて一番大切にしていることは、母親である私自身が、人生を楽しむこと。それに他なりません。

親は、子どもが人生で一番最初に出会う他人。

子どもは親の姿を通じて社会や世界のあり方を学んでいきます。

親の普段の行動が、子どもにとっての「普通」や「常識」を作り上げていくんです。

私が子どもに最も伝えたいのは
「世界は楽しいところだし、人生は自分次第でなんでも実現することが可能」
ということ。

でもピアノを弾けない親が子どもに弾き方を教えることができないのと一緒で、自分を幸せにする方法を知らない親が、子どもにそれを伝えることは不可能ですよね。

親がいつも大変そうに働いていたら「仕事って大変なんだな」と思うだろうし、両親がいつも喧嘩していたら「夫婦って喧嘩するものなんだな」と思うだろうし。
反対に、親がいつも楽しそうに働いていたら、子どもも「自分も早く働きたい」ってワクワクして、両親がいつも仲睦まじかったら「私も両親のような素敵なパートナーが欲しい」と望むのではないでしょうか。

だからこそ、母親である自分自身がまず人生をラクに楽しむべきだし、疲れていたり、イライラしていたり、大変な思いをしている場合じゃない、って本気で思うのです。

子どもを幸せにしたいなら、まずは親である自分が、自分を幸せにするしかない。いくら言葉で聞かせたところで、母親である自分自身がそうじゃない人生を送っていては、全く説得力がありません。

ちなみにこの、子どもではなく母親である自分を最優先する子育てについては、「母親である自分の幸せを優先するために、子どもには我慢させてもいいってことですよね!?」って聞かれることも多いですが、私は自分が「子どもに我慢させてる」と思ったこともほとんどありません。

まぁ一緒におままごとしたい！って言われた時には「え、やりたくない」って普通に断りますが、これを我慢させてるとは思いません。

「自分がしたいことでも相手がしたくない提案だと受け入れてもらえない」「自分の希望を通すためには相手をその気にさせる必要がある」ってことを、子ども自身が学び、試行錯誤する機会になると思っています。

私のようにタスクを減らして育児をしていると、いわゆる母親としての役割を果たしていないと言われることも多いです。でも私は、「母親にしかできないこと」って、子どもが悩んだ時、相談したいと思える、信頼できて尊敬できる相手でいることだと思っています。

そのためにはまず、母親である自分自身の人生が、子どもにとって見習いたいものである、という必要がありますよね。

一般的な家事や身の回りのお世話は外注してタスクを減らせるけれど、ここだけは母親本人にしかできません。

私のような子育てをしていると、人から「もっとこうした方がいい」と言われることも多いです。けれども、どう考えても我が子のことをこの世で一番考えてるのは、母親である自分。私以上に私の子どものことを本気で愛して考えている人なんて誰もいないわけで、人の言うことなんて全く気にする必要はないのです。

他人がいくらとやかく言おうと、母である自分が信じた育て方が一番正しい！と自信をもちましょう。子どもの心も、世間からの期待も、全部満たそうとしなくても大丈夫。

「私が幸せなら、子どもも幸せに決まってる」

このくらいの図々しさでいきましょう。

妻の「ちゃんと」が夫や子どもを不幸にしてる

ここまで家事や育児の手放し方について書いてきましたが「家事や子育てをするのは確かに大変だけれども、それを自分が手放すことで夫や子どもに我慢を強いるくらいなら、今のほうがいいと思ってしまうのですが……」という質問をとてもよくいただきます。

これに関して言えば、なぜそもそも「ちゃんとすること」をやめるべきなのか、という最初の話に戻ります。

思い出してください。「ちゃんと」をやめるのは、自分だけがラクをするためではなく「自分と自分の周りを幸せにするため」です。自分が面倒だから周りに丸投げして、自分だけがラクをしてみんなが我慢したり苦労すればいい、という発想とは真逆。この目的意識が自分自身の腑に落ちているかどうかで、コミュニケーションの取り方は全く違うものになるはずです。

まずは、自分が普段こなしている家事や育児について、本当に必要なのか、思い込みに縛られているだけではないか、苦手だったり、少しでも負担に思っていることはないか、自分自身で一つ一つ立ち止まって考えてみてほしいんです。

ほんの少しでも変えられそうなことがあったら、まずは「なんとかしたい」と思っている自分の気持ちをそのまま、素直に旦那さんやお子さんに相談してみましょう。

人間関係のトラブルは、９割が思い込みと妄想でできています。

どんなに近しい家族であっても、直接本人に確認しない限り、相手の考えていることなんてわからないのが当たり前。

だからまずは直接確認するのが一番。自分がやらないことが、本当に相手にとっての我慢や苦労につながるのか。周囲の意見や常識を鵜呑みにする前に、夫や子ども本人に実際に聞いてみてほしいんです。

そのときのポイントは「男性と女性では会話の進め方が違う」、というのを頭に入れておくこと。

男性は解決型・女性は共感型。そんな説を聞いたことある方も多いと思います。

旦那さんへの相談は、この男性の特性をうまく活用して進めるとスムーズですよ。どういうことかというと、自分で決める前に、まずは悩んでる時点、モヤモヤしている時点、どうしたら良いかの解決策が自分でも出ていない時点で、そのまま相手に相談してしまうのです。

「面倒だからご飯作りたくない。だから作りません！」ではなく、「食事作りが負担なんだけど、どうしたらいいかな……」です。

世の中の男性にとって、自分の実家での家事や育児は、母親がやっていたから、何も考えた事がなかっただけ。当たり前だと思っていただけ。という人が大半。

夫自身が考えた末に「やっぱりどんなに負担でも家事育児は女がすべき。やらないなんて女として失格！」という結論にたどり着く人は少ないですよ。

夫に話して「ちゃんと」を手放す

私が周囲の男性から聞く夫婦関係の悩みは、もう１００％の確率で「妻がちゃんと家事や育児をやらない」ではなく「妻が１人で背負い込んでストレスを抱えてる、そんなにやらなくていいって伝えても全く聞き耳を持ってくれない」のほう。

男性、特に夫は、妻が思っている以上に、妻の幸せを第一に考えてくれているんです。

まぁここで「聞けば口ではいいと言うけど、やっぱり内心は不満だと思います！」っていう人もよくいるのですが……なぜそんなに旦那さんの言葉を信じないのかむしろ疑問です。普通に信じましょう。

それに万が一、内心は不満だとしても、いいと言ってくれるその旦那さんの男気に全力で感謝したほうが、旦那さんとしても満たされるはず。

そして必須ではないものは素直に手放す。旦那さんが分担してくれるといったら素直にお願いして感謝したらいいし、もしも旦那さんが分担するのも難しいということになれば、他の方法を検討したらいいのです。

でも講座生の話を聞いていると、夫婦関係のコミュニケーションが苦手な人がすごく多いと実感します。

家事をしたくないって言ったら夫に反対されたので、手放すの無理でした……って相談されることも多いのですが、具体的にどんなやりとりをしたのかを聞くと

「食事の用意したくないって伝えたら、じゃあ誰がするの？って言われました！」

「家事代行を頼みたいって相談したら、お金がかかるって言われました！」

みたいな……。


これらは反対してるのではなく、単に疑問に思ったことを質問しているだけ。話し合いがスタートした段階では当たり前のこと。

誰がするの？と聞かれたら「あなたにお願いしたい」「誰もしなくていい方法を考えたい」「人に任せたい」「今のところアイディアはないんだけど……」など、素直に思っていることを伝えてみればよいのです。


ここで反対された！と思い込んでしまう人には特徴があります。

まず一つめは「絶対に反対されるはず」と思いながら相手に聞いているケース。

これだと、相手の反応は全て「やっぱり反対された！」という証拠集めになります。

もう一つは、自分自身では相談しているつもりでありながらも、実は本心では相談しようとは全く思っていないケース。

相談という言葉を辞書で引くと「問題の解決のために話し合ったり、他人の意見を聞いたりすること」と出てきます。

そうではなく「自分の主張を受け入れてもらうためのもの」と考えていると、手放しで賛成してもらえない限り「反対された！」って思い込んでしまうのです。

このように「相手の意見を聞く」という視点がなく、自己主張だけを通そうとすると、話し合いが毎回喧嘩に……という事態が起こりがち。

そんなときは、本来の目的を思い出してみてください。そう、「家族みんなで幸せになる」という原則。大事なのは言い負かして勝つことではなく、お互いの意思を確認し、しっかり尊重することです。

夫婦関係は勝ち負けの関係があるライバルではなく、協力し合うパートナー。

譲ったら負けた気がする……って感じる方は、夫婦関係が勝ち負けになってしまっています。まずは自分から相手の意見を尊重しないことには、相手だって自分の意見を尊重してはくれません。

そして自分1人がラクをしたいわけではなく、これが結局は家族全員の幸せにつながることだという意識をしっかり持ち、きちんと言葉で伝えるのです。

私も夫へ最初に相談したときは、「家事代行はお金がかかるからもったいない」「他人を家に入れることに抵抗がある」と言われたし、ベビーシッターは「他人に預けて大丈夫か？」と不安がられました。

でも今は家事代行もとても安い金額で受けてもらえること、私も夫も家事をする時間があるならその分仕事をした方が、家族の幸せを考えても、費用対効果としても高いと思うことなどを伝え、費用の捻出元を一緒に考えてもらいました。

うちの夫に限らず「家に知らない人が入るのが不安」という意見も多いのですが、

家事代行にしてもベビーシッターにしても、そのお仕事に就いてるのは面接や研修をクリアしたプロの方。自分がどこかで働くときに、何か悪事を働こうと思って始める人はまずいませんよね。

実際に何かトラブルが起きたときに困るのは、仕事や社会的信頼を失う相手のほうなわけで、必要以上に心配することはないのでは、と伝えたら納得してくれました。

そしてベビーシッターについては、実は私自身も初めて預けるときは不安でした。自分だって育児のプロじゃないし、もし何か起きる可能性があるとしたら、むしろ自分で見ているときでは?などと頭では考えるのですが、実際にベビーシッターにお願いするとどうなるのかが、どうしてもイメージが湧かなかったんです。

なのでうちの場合、初回は自分が在宅しているときにお越しいただき、実際にどのように子どもに接してくれるのかを拝見させていただきました。

そしたら、やっぱり自らベビーシッターの仕事に就こうと思うような方は、私ごときとは子ども好きレベルやスキルがとても比にならない、と衝撃を受けたわけです。

絵本を読むにしても、私なんかだと普通に読むだけで終わりなので、1冊1分くらいで終了です。でもシッターさんだと1冊の本で、声色をあれこれ変えたり、クイズにしてみたり、30分くらいかけて遊びながら読んだりしていて……感動。

帰宅した夫にその様子を興奮しながら話したら、夫も安心してくれました。


〝主婦なのに〟〝女性なのに〟家事も育児もしたくないと夫に伝えたら、最初はびっくりされるかもしれません。

多くの講座生たちも、最初に私のブログ記事や本を読んだ時にはとてもびっくりした、ありえないと思った、とよく言います。でも気になるから色々な記事を読んだり、自分で考えたりしているうちに、納得できるようになり、旦那さんに相談できるようになっていきます。


同様に、自分にとっては前々から時間をかけて考えてきたことであっても、旦那さんにとっては初耳。だからその場ですぐ理解してもらえることは求めず、旦那さんにも考えるための時間や、納得するための多くの材料や情報が必要、と認識しておきましょう。

もう一つ知っておいてほしいのは、「男性既婚者１００人に聞いた妻に求めることベスト3」というアンケート。1位は笑顔、2位がセックスで、家事は3位です。ラトガース大学の研究でも、男性の結婚生活の満足度には、自分の仕事や家庭での立場は一切関係なく、「奥さんがいかに幸せだったか」だけで決まるという結果が出ているそうです。

そもそも、男性は結婚相手を選ぶとき「この人を幸せにしたい」と思って結婚するわけです。だから妻が家事を頑張りすぎた結果、笑顔がなくなってしまうというのは、夫にとっても本末転倒。

自分が子どもの頃を考えてみても、母親が笑顔でいてくれるとそれだけで嬉しくなりませんでしたか？

母であり妻である自分が、無理をせず常に笑顔でいられること。
それは自分が考えている以上に家族全員の幸せへつながるんです。

ちゃんとしすぎな
家事育児で、
幸せな子どもや夫は
増えてるのかしら？

第5章

恋愛・結婚編

～「ちゃん卒」はモテ女への進化

そのオシャレ、その洗濯、本当に必要？

この章では女性としてのあり方や、恋愛の思い込みについて書いていきます。

なぜなら恋愛という、本来は感情や本能で楽しめばいいだけの領域に「ちゃんと」を持ち込んだ瞬間、恋愛は打算的でつまらなくなってしまうもの。

そして何よりもモテません!!
思い込みを外して、もっと自由に恋愛を楽しみましょう。

まずは外見の大部分を占める洋服について。
私は元々、ファッションにはほとんど興味がないのですが、ある時までは「女性たるもの多様なオシャレができるべき」的な思い込みがありました。そんななか、転職を機にしばらくスーツで通ってみたら、もうラクでラクで……！

気に入ったスーツを色違いや型違い・シーズン違いで4着くらい揃え、インナーは夏はユニクロのシャツ、冬はユニクロのセーターを5枚ずつ色違いで買い、毎日順番に着ることで、コーディネートを考える手間を一切不要にしていました。

その後、起業してスーツを着る機会はなくなり、今はＭＯＳＣＨＩＮＯというブランドのワンピースしか着ていません。ブランドを固定するのも、ワンピースに限定するのも、苦手なコーディネートを一切考えたくないから。

しかしこのワンピースは結構お値段がするので、万が一洗濯機にかけて一度で生地が傷んで毛玉がついたり、色あせたり縮んだりすると嫌だなと思い、最初は数回着たらクリーニングに出そうと思っていました。

でもそこは所詮私。クリーニングなんて面倒すぎて全然出せず、気がついたら10回以上着ているのに一度も洗濯しないままワンシーズンを超えてしまったんです。

でも考えてみたら、目立つようなシミや汚れがついているわけでもないし、臭いがするわけでもないし、まぁ汗とか埃くらいは染み込んでいるでしょうが、見た目には全然汚くないわけですよ。だから自分で汚れが気になったら出そうという結論に至り、結局ほとんどの服は3シーズンくらい一度も洗濯してません（笑）。

そんなわけで、私は自分の衣類をほとんど洗濯しておらず。

唯一洗濯するのは下着のパンツのみ。

ストッキングやブラジャーなどの肌着類は、したりしなかったりという感じです。

夫の衣類も同様に「汚れたら洗濯」ということにしているので、実質まともに洗ってるのは下着だけ。頻繁に洗うのは、5歳の娘の洋服くらいです。

そうすると三人暮らしの家族でも洗濯は週に1回。もちろんバスタオルやシーツを洗う頻度も少ないので、それらを洗うときだけ週2回洗濯をしています。

そういえば先日、洗濯機の乾燥機能を使ってる人は1割以下という調査結果を見て衝撃を受けました。

確かにお日さまで乾かすのが気持ちいいってのも理解できなくはないけれど、乾燥機能を使えば、今日は雨だから干せないっていう悩みとか、洗濯物が終わるのを待って干してからじゃないと出かけられない、などの悩みからも全て解放されるわけで。手間を考えたら使わない手はありません。電気代も一度に30円くらいしかかからないし。

「乾燥機じゃ乾かないんです」っていう人もよくいるけれど、それ、単に入れすぎなだけです（笑）。洗濯容量と乾燥容量は通常異なるので、最初から乾燥容量で回しておけばちゃんと乾きます。「縮んだり傷んだりするのが嫌で」って方には、先にも書いた通り、そもそも洗濯しないことをオススメします。

毎日のお風呂は美容に悪い⁉

洗濯しなくても平気ってことは、さぞかし私は綺麗な体をしているのだろうと思われるのかもしれませんが、実は私、お風呂にもほとんど入ってないんです。

実家に住んでた頃は母がうるさかったのと、一人暮らししてからもしばらくは「入浴は毎日するもの」だと思い込んでいたので毎日入っていましたが、数年前からどんどん頻度が下がっていきました。

最初は、入浴時のボディソープをやめたり、毎日していた洗髪を2日に1回にしたり……というところからだったのですが、一時期、頭皮が荒れたことをきっかけに、洗髪時にシャンプー剤を使うのをやめてみたんですね。そうしたところ、それまで2

日くらい洗わないとベタついたり、痒みが出たり、フケが出ていた頭皮から、何も出なくなり健康な地肌に！

あくまでも私の中でですが、あのベタつきや痒みやフケって、実はシャンプー由来の炎症ってのもあったんじゃないか？ということになりました。

この経験から、私的には「肌も髪も服も、洗えば洗うほど傷む！」という認識になりまして。今では、入浴はシャワーも含め週１回、しかも洗髪はお湯とトリートメントのみにしています。

で、その入浴しない１週間は、顔も体もどこも洗いません。お股もです。

「痒くならないの？」「なんか色々、分泌物でてこない？」って聞かれますが、大丈夫です。必要以上に洗わないからか、そもそも分泌物自体も、とても少なくなって。

というわけで、実はパンツも２～３日おきに穿き替える程度。そうそう、ＶＩＯ脱毛は、細菌の繁殖や匂いの原因を大幅に減らすことができるのでおすすめですよ。

そもそも、入浴を毎日するのが当たり前になったのなんて、ここ20年くらいのこと。1960年代の花王の広告では「5日に一度はシャンプーを」と謳われていて、消費材メーカーの涙ぐましい努力がうかがえます。

この、あさぎ流「パンツだけ洗濯」と「週イチ入浴&お湯洗髪」、どちらも私としては本気でおすすめではありますが（笑）、まぁさすがにいきなりこのレベルから実行するのはハードル高いという気持ちもわかります。

なので推奨したいのは、まず「髪を毎日洗わなきゃいけない、という思い込みを手放す」こと。

気になったらまずは2日に1回にすることから、試してみませんか？

特に女性って、髪を乾かす時間やアイロンで巻く時間を面倒に感じる人、多いですよね。

この戦略でいくと、ヘアサロンでしてもらった綺麗なセットだって、何日ももたせることが可能です。

このように面倒だと思っている日常的な行動に対して、まずは「本当に今の頻度でやる必要があるのか？」と一旦、立ち止まって考えてみるのはとても有効です。で、少しでも「いけるかもしんない……」と思ったら、まずは出かけない週末や大型連休からでも試していただければと思います。

複数人と同時交際、は合理的

独身時代。男性から付き合ってほしいと言われたとき、私は相手が誰であっても即ＯＫしていました。

私の中で「付き合って」は「醤油とって」と言われるのと同じレベルで、断る必要性を一ミリも感じなかったから。

その結果、結婚直前の29歳くらいの頃には、気付いたら同時に3人くらいと付き合っているような状態に。とは言っても、私は付き合ったからといってその人に全ての権利を明け渡すわけではありませんでした。

付き合ったからといって、私の週末の予定を優先的に押さえる権利があるわけでもないし、付き合っていようがいまいが、キスもセックスもしたくなればするし、したくなるまではしないわけで、特に何かが変わるわけではありませんでした。

男性というのは、女性が考えている以上にプライドで出来ている生き物であり、女性には全面的に自分のことを受け入れてもらいたいと思っているもの。

そんな男性が、せっかく告白という勇気を出してくれたわけですから、何もそこで彼のことを拒絶する必要はないわけです。

なので、告白されたらとりあえず全力で喜んで受け入れればいいと思います。

複数人と同時並行して付き合うなんて痛い目に合いそう⁉

それ、逆です。失うものはほぼ皆無。得られるメリットは計り知れません。

まず、同時並行することで時間が節約できます。

比較検討でき、自分にとってそれぞれの相手のいいところ、嫌なところが冷静に見え、自分の好みが明確になって、その上で一番いい人を選べます。

負荷の分散も可能です。連絡がほしいとか、デートしたいとか、そういった自分が男性にしてほしい願望を、複数の人が力を合わせて実現してくれるわけですから。

それに複数人がいることで、「この人を逃したら先がない！」という、焦りや執着心も手放すことができる。

心に余裕があることで、相手からもますます魅力的な女性に映るのです。

「そんなの罪悪感がありますす……」という女性は多いですが、私には罪悪感なんてもちろんありませんでした。当時の私は、結婚したらその人との間に子どもを作ろうと思ってたので、「世の中に最も良い遺伝子を残すため、真剣に吟味してる」と考えれば、むしろ褒められてもいいくらいだと思ってましたよ！

日本だと不倫や浮気は「不貞」行為とされていますが、一生懸命に貞節を尽くした結果が、35％の離婚率や、30代夫婦の約半数にのぼるセックスレスなどを生み出しているわけです。

日本人のセックスは頻度も満足度も世界的に見てめちゃくちゃ低いし、1人の相手だけで満足しようとするのは、そもそも無理があるんじゃないでしょうか。

私としては、「不倫が悪という文化」は、高度成長時代に男性を仕事に集中させ、女性を家での子育てに専念させるべく、国民を扱いやすくするために作った施策でしかないと思っています。

なので働き方も家庭のあり方も大きく変化している現代では、かなり時代錯誤だと思うし、そんな昔の施策に振り回されて自分の人生を決めるなんてバカバカしいとすら思うのは、私だけでしょうか。

日本の場合、「夫婦仲はとっくに冷めているしセックスレスだけど、子どものためとか世間体のために不倫や離婚はせず添い遂げる」というのは割と一般的ですよね。

だけど例えばフランスでは、不倫以上にセックスレスや仮面夫婦であることのほうが悪いとされる風潮があるそうです。

生物として考えても、パートナーを1人にしぼる方が、不自然ではないでしょうか。

この例に限らず、自分が信じている常識が世の中の普遍的な正解であることなんてすごく稀。〝正しいこと〟なんて、時代や場所が変われば、簡単に変わってしまう。

そんな曖昧な世間の正しさに振り回されるより、自分の気持ちに正直に生きていきたいし、自分のパートナーにも正直に生きて欲しいと、私は思っています。

「結婚後もお互い恋していい」としてみる

「結婚しているのに……パートナーがいるのに……他の人を好きになってしまった」と悩んでいる人、いますよね。

人の感情って、ダメと言われたから止められるわけじゃない。

婚姻届を一枚出しただけで、魅力的な人に惹かれる気持ちが金輪際なくなるなんて、どう考えてもそちらのほうが不自然だと、私は思います。

なので私は昔から、浮気については、するのもされるのも完全に肯定派です。

付き合ってた彼氏に対し、お互いに浮気ＯＫな関係にするため2年かけて説得したことすらありますし。

浮気をダメとする意見として、相手が悲しむからという理由をあげる人がいます。

……が、そもそも何故、浮気をされることが悲しいことなのか。

その時点で私は理解に苦しんでしまいます。

以前、夫から「僕のこと捨てないでね〜」と冗談混じりに言われたとき、私は真顔で「それはわからない」と返しました。

確かに今の私は夫のことを愛していますし、一緒にいたいと思っています。けれど先のことなんて誰にもわからないのです。夫が今のまま素敵な男性でい続けてくれたら、私もずっと夫と一緒にいたいと思うかもしれません。

でもそうじゃなければ普通に他の男性と幸せになる道を選びます。当たり前です。

だから、正直に「あなたがずっと魅力的だったらずっと一緒にいると思うけど、魅力がなくなったら一緒にいるのは嫌だ。だからもし一緒にいたいと思うのであれば、すべきことは私を言葉で引き止めることではなく、自分が魅力的でい続けられるよう努力することだと思う」って伝えたら、「確かに……」って納得していました。

ただし、夫にそうやって言うからには、自分自身も魅力的でいる努力を怠らないようにはしています。

結局、付き合ったり結婚したところで、人の感情まで縛れるものではないのです。なのに、あたかもそこを縛る権利が発生するかのように考えてしまうから、相手が他の人に自分のリソースを割いた際、本来自分にあるはずの権利を侵害されたように感じて辛くなってしまうのだと思います。

でも、そんな権利、元々誰も持っていませんよね。

確かに結婚相手が不倫をした場合は、日本ではしかるべき証拠を集めて民事裁判をすれば勝訴できるでしょうし、慰謝料ももらえるでしょう。でも、それだけ。

そもそも浮気自体をしないように心を縛ることなんて、誰にもできないのです。

私は自分の好きな人には、幸せな人生を送ってほしい。

だから自分以外に好きな人ができ、その人と幸せになれるなら、それってシンプルに相手にとって幸せなことだと思うんです。

もし自分が好きになった人が、浮気が必要な人だったら、それ込みで「自分が」相手のことを愛せるかどうかを考えてみる。

愛せるなら覚悟を決める、無理なら離れる。

いつだって選択権は、自分自身にあります。

浮気に限らず、相手の気持ちや行動をコントロールするのは、例えパートナーや家族であっても不可能だと認識しておきましょう。

どんな関係性になったとしても、他人は他人。

人は、自分の期待を満たすために存在しているわけではありません。

そして自分も、人の期待を満たすために生きているわけではないのです。

ちなみに私は女友達とご飯をする約束があったとき、「実は今から会うのが女友達じゃなくて彼氏で、しかも今からセックスしに行くんだったらどうする!?」って夫に聞いてみたことがあります（笑）。

そのとき夫は「女友達とのご飯と彼氏とのセックスの、本質的な違いって何だろう？　どちらもあさぎさんが楽しむために外へ行き、僕は家にいる。目の前の現実としては同じだよね？」と言っていました。

こんなこと書くと「夫も変人！」と言われそうですが（笑）。でも、ある統計によると、パートナーの不倫について「許す」という回答をした日本人は31％。これは世界で9位だったそうです。ちなみに1位はフランスで53％。

なので意外と自分のパートナーも、口には出していないだけで、確認してみたら浮気許容派だった……ということもあるかもしれません。

とにもかくにも聞いてみないことにはわからないので、有事に備えてあらかじめパートナーの浮気に対するスタンスを確かめておくのはアリじゃないでしょうか。

セックスレス＝不幸じゃなかった

とても高い日本のセックスレス率。特に小さな子どもがいる夫婦のセックスレス率は、私の肌感覚では7割くらいな気がします。

かくいう私自身もレスで悩み、夫に泣いて訴えたことがあります。

あれは確か、結婚して2年目くらいの頃、まだ1人目の子の妊娠前で、早く子どもが欲しいと思っているのに、お互いに仕事や毎日の生活が忙しすぎてセックスは毎月排卵日付近に慌てて1～2回する程度。

「このまま私たちの関係は冷めていくんじゃないか？」。そう思うと不安で不安で、泣きながら夫にレスがつらいと訴えたのです。そのとき夫は「そんな思いさせてごめんね。これからは頑張るね」と言ってくれたものの……結局、私たちの生活自体がすぐに変化することはなく、状況はその後も大して変わりませんでした。

でも、あるとき考えてみたんです。そもそも自分は、本当にセックスそのものがしたいのかどうか？って。そうしたら気づきました。私はセックス自体がしたかったわけではなく、まずは子どもが欲しいこと、そしてセックスがないと良好な夫婦関係とは言えないんじゃないか？と怯えていただけだった、ということに。

まぁ考えてみれば当たり前なんですが、食事の量や好みが人によって異なるように、性欲だって人によって差があるのは当たり前。

「最低でも週1はセックスをしないとラブラブとは言えないんじゃないか？」って思っていたけれど、これこそが思い込みに過ぎないんですよね。

つまりセックスレスの問題というのは頻度にあるわけではなく、ましてやセックス自体にあるわけでもない。夫婦のどちらかに「夫婦関係について不満」があるのにも関わらず、そのままにしているというのが問題の本質でした。

そう考えると、私たち夫婦の場合、頻度はそんなに多くはなかったものの、そのことに関してどちらかが不満を感じているか？と聞かれたら、正直特に不満というわけではありませんでした。

であれば、これはもはやセックスレスとは言わないいんじゃないか、と。

私の場合、人並みに性欲はあるとは思いますが、普段の生活でセックスよりも優先したいことが多すぎて……。性欲の解消だけであれば、正直オナニーのほうがよっぽど気軽だし気楽だし……と思う派です（笑）。

そんな自分に、以前なら罪悪感があったのは、愛情と性欲を勝手に結びつけて考えていたから。

「セックスしたいと思わない」＝「夫への愛情がない」ってことじゃないか？と思っていたのですが、睡眠欲や食欲と愛情が結びつかないように、性欲と愛情だって結びつかなくても全く不思議ではありません。

ある動物実験によると、人間を含む動物が、同じ対象に対して性欲を持ち続けられる期間は、せいぜい3年が限界だそうです。で、一度なくなってしまった性欲を復活させる手段は、別の異性を投入する以外にはないのだそう。

元々、人間の本能としてそうなってるなら、抗っても仕方がないし、ましてや罪悪感を抱く必要は、どこにもなかったんです！

セックスレスに悩む講座生も、私のような思い込みに縛られていたり、セックスと他の感情や事象を、勝手に結びつけて悩んでしまっている人は多いです。

「もし本当にしたいのなら、自分から今晩でも誘えばいいじゃん！」ってアドバイスすると、「でも今日は予定があるから」とか「でも眠いし」とか「時間がない」とか色々と理由をつけて先延ばしする人が、いかに多いことか。

日本では結婚したら別の人とセックスしてはいけないという、人間の本能に反した謎の文化がまかり通っているため、実は自分自身が夫に性欲を感じなくなってしまっているものの、それを認めたくないがために「夫が誘ってくれない……自分から誘うのは抵抗がある……」ってことにしている場合も多数。

でも結局のところ「自分自身がそこまでしたいわけでもない」ということを、まずは自覚してみましょう。

ラブラブでいなきゃ！という強迫観念のために、自分自身も夫になんとか性欲を感じられるように頑張ったり、夫にも性欲を持ち続けてもらうことを強要するのには無理があります。

それよりも、人間はしょせん動物、性欲をお互いに持ち続けるのは難しいことをとっとと認め、その上でどうするかを考えたほうが建設的ですよね。

ここを見て見ぬ振りし、日本人のお得意の我慢や根性でなんとかしようとするからおかしなことになるのです。「性欲は変化する」という前提で、お互いに別の人とセックスしてもいいルールを設けるなど具体的な解決策について検討したほうが、お互いに幸せなのではないかと思います。

セックスについての相談は、夫が誘ってくれないことや、自分から誘ったときに断られたことで、女性として自信がなくなった……という内容もよく寄せられます。が、はっきり言って自信というのは、そういうものではありません。

セックスの話に限らず、自分に自信がない人というのはまず、人からの評価で自分の価値や自信を決めているんですね。

人に認められたら自信がつき、人に認められなければ自信がない、という具合に。

でもね、自信というのは、自分を信じると書くように、人にどう扱われようと、自分が自分のことを信じられること。

「人からどう扱われたか？」で簡単に上下するようなものではないのです。

つまり夫にセックスを誘われないから自分の自信がなくなったなんていうのは後付けでしかなく、元々自分に自信がないことを、夫やセックスのせいにしているだけ。

セックスレスであることで、まるで自分が被害者かのように振る舞っている人も多いけれど、相手に性欲がなくなったことを責める権利なんて、例えパートナーであっても誰も持ってはいないんです。

このようにセックスレスの悩みというのは、実はセックスの頻度の問題にはないことが大半。一度ふりかえってみることで、解決策が見つかるかもしれませんよ。

ちなみにこれは自戒を込めて書きますが、自分たちの関係性について男性と話し合うときに、自分がいかにツライのかを涙ながらに語ることは禁物です。

女性は共感の生き物なので、自分がツラそうにすればするほど、相手も心が動かされると考えてしまいがち。

でも男性には、冷静な話し合いをする気がないと捉えられ、また一方的に責めたてられている気にもなり、どんどん態度が硬化していきます。

まずは被害者意識を捨て、話し合いはあくまでも冷静に。
具体的な解決策を見い出すことを目的にするのをおすすめします。

離婚を後悔している人って、いなくない!?

昔から恋人がいてもしょっちゅう浮気していた私。
なので自分には結婚って向いてないだろうなと思っていました。
一時は、結婚したら一生浮気しないでちゃんと真面目に生きよう！って決意し、婚活してたこともあったけど、その頃は全くモテず……。

婚活をやめてからは、仕事に熱中したり、朝まで飲んだくれたり、ゲームで徹夜したりという日々が楽しすぎて、結婚したらこういうフリーダムな日々は送れなくなるし、むしろ「結婚したくない」と再び感じるようになりました。

一度くらいは子育てしてみたい気もするけど、自分は子ども嫌いだし、子育てはどう考えても面倒だろうし……。だから60歳くらいまで好きに生きて、その後に結婚出産できたらいいのになーなんて真剣に思っていました。

結局、今の夫と出会い結婚することになったものの、当時の私には「彼と結婚したからには一生、彼に操を立てて……」といった自信は、とてもじゃないけどありませんでした。

なのになぜ結婚したかというと「もし他に好きな人ができたり、もし彼とうまくいかなくなったときには、浮気するなり離婚すればいっか！」と開き直り、じゃあ少なくとも今は彼のことが好きだし、それで十分かな、と思ったからです。

以前の私は「離婚＝不幸なこと」だと思い込んでたんですよね。

離婚する可能性があるくらいなら結婚しないほうがいい！って考えていたので、結婚相手は「絶対に一生愛し続けられる人」という観点で選ぼうとしていました。

こんな具合に重く考えるから、どんどん相手に対する条件が厳しくなっていくんですよね。先のことなんて誰にもわからないのに。無謀な考え方をしてたと思います。

そもそもなぜ離婚を悪いことだと認識してたかといえば、これも親やマスコミに植え付けられた「世間の常識」でしかありませんでした。

今の私は、離婚が不幸だとは全く思ってません。

だって、結婚したことを後悔している人はよく見るけど、離婚したことを後悔している人には、ほとんど会ったことがないって思いません？

ということは、むしろ結婚より離婚のほうが「ハッピーに繋がる可能性の高い決断」って言うことすらできるんじゃないか、と。

なので離婚は、学校の卒業と同様に「進化」って私は捉えてます。

結局のところ、仕事も結婚も、一度でうまくいかせようと考えるから、必要以上にあれこれ考えてしまって先に進めないものだと思うんです。うまくいくまで何度でもチャレンジしたっていいですよね。

実際、私も一度ならず二度もヒモニートと同棲し、家事に育児（ではないけど）に一生懸命自分を費やしていた経験があるからこそ、今回の結婚では三度目の正直で、ようやく自分らしい結婚生活が送れるようになったんだと分析してます。

私が思うに、離婚そのものよりも「離婚したいけど、〇〇だから離婚できない」という状況のほうがよっぽど不幸ではないかと思うのです。

1人では収入が低い、子どもがいる、親が悲しむ、世間体が悪い……などなど、色々な事情があるとは思うのですが、たった一度しかない自分の人生なのに100%満足できない状態で生きるなんて、とてももったいないことではないでしょうか。

特に子どもの存在が懸念材料になってしまう人は多いですよね。

私自身、片親は可哀想なものなのだと、これもずっと洗脳されてきました。確かに子育てというのは手間もお金も、関われる大人の人数によって自分の負担の量がグッと変わるので、一緒に子育てできる人がいたほうがラクではあるとは思います。

とはいえ、離婚が子どもにとって悪いことや可哀想なことなのかと言えば、全くそんなことはイコールではない。

私は今まで300人を超える講座生の、本人と親との関係に踏み込んできました。

そうして出来たのが「どう育てても、子どもにはどうせ恨まれる」理論。

詳しくは前著にも書きましたが、子どもというのはどんな育て方をしようが、自分の人生がうまくいってない時は親のせいにするものだし、うまくいっている時は自分のおかげだと思うもの。

起業して以来、私は成功している起業家の方と会う機会も多くなったのですが、個人的な関心から、幼少期にどんな家庭で育ったのかをよく質問するんです。

そうすると、実家が片親だったり、とても貧乏だったなど、一般的には「負」と言われるような経験が、ご自身の大きなエネルギーとなり稼げるようになったという人が、とても多いのです。

つまり、どんな出来事であっても、どんな育ち方をしても、その事象自体にはプラスもマイナスもない。あるのは本人の捉え方だけ。

離婚に限らず、この世の「正解」という選択肢は誰にもわかりません。

大切なのは、自分の選択を、自分自身で正解にするという姿勢。

子どもが少しでも苦労しないように、傷つかないように……って一生懸命に子どもの気持ちを最優先する親は多いですが、子どものために親が整えられる環境にはどう考えても限界があります。

環境を整えるより、「どんな状況であってもプラスに捉えられる精神を育む」ことのほうがよっぽど大切ではないでしょうか。

子どもの人生を幸せにするのは、子ども自身です。

親が色々とおもんぱかってあげないといい人生にできないような無力な人間を育てても、いいことなんてありませんよね。

そんなわけで私自身、あくまで現在は夫との結婚生活に不満ゼロなので離婚はしませんが、万が一、夫よりも魅力的な人が現れた場合は、いつでも浮気するなり、本気で関係を築くなりしようと常に臨戦態勢です。

それによって夫や娘が可哀想とは1ミリも思いません。

むしろいろんな経験ができたことで今後の人生に活きるのでは？とすら思ったりしています。

そしてそのためにも、結婚後であっても自分が女性として魅力的でいるための準備運動（主に美活）は、常に怠らないようにしています。

これは夫からの愛情を保つ意味でもおすすめです。

家族が可哀想などと言ってくる人というのは、無意識のうちに自分の人生に起こる不幸も全て環境や他人のせいにしている人なので、気にする必要はありません。

自分の中に「ちゃんと」やタブーがあればあるほど、人はそれを他人にまで押し付けてしまうもの。まずは自分の中からそれをなくせば、人の選択が必要以上に気になったり、人にとやかく言ったりしないで済みますよ。

いつだって選択権は、
自分自身にある。
これを忘れないで。

第6章

お金編

～「ちゃん卒」したら増える法則

人生を支配する「お金」から自由になるには？

突然ですが、世界中で一番信仰者が多い宗教ってなんだと思います？

答えは「お金教」です！　思い返す限り、私も小学生ですでに入信してました。

お金教に入ると、仕事内容も、結婚相手も、子どもの有無や人数も、住む場所も、遊びに行く場所も、着る服も、食べるものも、全てを「自分がしたいこと」「自分が欲しいもの」からではなく、「いくらかかるのか」「どれくらいかけるのが普通なのか」という、お金から考えることになります。正に、お金に支配された人生を送っていると言っても過言じゃないのです。


そこでこの章では、お金に関する「ちゃんと」の思い込みについて書いてみました。

お金の思い込みっていうのは本当に強固です……まさに宗教的。
私自身、このお金に対する価値観を変えるのには一番苦労しました。でも嬉しい変化がきっと待ってます。取り組めそうなところからでもトライする価値ありですよ。

なぜなら人の人生というのはある意味、お金で決まるからです。
これはお金があれば幸せ、なければ不幸という意味ではありません。

お金との付き合い方に、その人の人生が色濃く反映されるということです。

稼ぎ方なら、自分がどう社会と関わり合いを持ち、どう貢献していくのか、使い方なら、自分が何に価値を感じ、何を得ていくのか。全て現れます。

そして人は自分が身を置く環境次第で、価値観が大きく左右されますよね。
多くの場合、その、「自分が身を置く環境」というのも、お金によってほぼ決まるのです。

私は起業して、それまでには考えられなかったくらいにお金を得られるようになりました。そこで初めて実感したのは、自分らしい生き方を実現させようと思ったら、お金に支配される人生から、なるべく早く卒業したほうがいい、ということ。

自分の本来の感情よりも、お金を優先して自分の人生を選んでいたら、本当に自分らしい人生を生きることはできない、と気付いたのです。

卒業する方法はただ一つ。お金を基準に物事を決めるのをやめ、本当にしたいことや本当に欲しいものについて、お金は度外視で決めていくことです。

「迷う理由が値段（が高いから）なら買え、買う理由が値段（が安いから）ならやめとけ」という名言をご存知でしょうか？

あなたが選択基準の一番をお金にしてる限り、本当にしたい経験はできないし、本当に欲しいものも手に入りません。

多くの場合、本当にしたい経験や本当に欲しいものは、直感に隠されています。

お金教信者の頭のなかでは普段、最初に直感で「したい・欲しい」と感じたことを、あとから理性で取り払うというプロセス（悩むこと）が、おこなわれています。

一度この流れから降り、直感に従ってみるところからスタートしましょう。

イメージしてみてください。本当は欲しくないものや、買えないものについてはそもそも悩みませんよね。

だから悩んでいる時点で「欲しい」し、「買える」ということなのです。

例えば「このワンピ、全然いらないんだけど、買おうかなー？どうしようかなー？」って悩む人はいないですよね。

まずは「欲しい」が先に直感としてあり、その後に「でも高いし」「あんまり着る機会ないかも」「似合わないかも」などと、理性で買わない理由を探してるだけ。

つまり直感では欲しいのです。

もう一つの例でいうと、家を引っ越すとき、12万円の家賃と15万円の家賃で悩んだとします。15万円はやっぱり高いんじゃないか?って諦めたくなるかもしれませんが、仮にその隣に30万円の家賃の家があっても、そもそも悩む対象には入らないですよね。

だから悩めている時点で、15万円の家賃の家には住めるということ。

人は、本当に無理な金額のものについては、悩みもしないのです。

まずはスーパーやコンビニくらいから、値段を見ずに直感で一番欲しいものを買う練習をしてみてください。

それと同時に、直感で欲しいと思ったものは全て買えるくらい、お金を稼げる方法も考えていく。これが自分らしい人生の実現には重要だと思います。

欲しがらないと、お金はこない

じゃあどうやってお金を稼ぐかというと、まずは「お金を欲しがること」からです。

講座生とかを見ていてつくづく思うのは、口ではお金が欲しいと言いながら、目の前の方からお金をいただくことには躊躇し、そんなにお金が欲しくないフリをしてしまう人がかなり多いということ。みなさんはどうですか？

わかりますよ、お金を稼ごうとする自分や他人に対して、がめついとか下品だとか感じて躊躇する気持ち。

だけど、人にがめついと思われるリスクを負ってでも「お金が欲しいです」と目の前の相手に対して口に出せる人にしか、お金はやってこないのです。

知ってました？　日本人は「がめついとか下品に思われるくらいなら、別にお金欲しくない」って人が大半だから、お金を得るための競争の難易度が、実は日本ではものすごく低いってことを。

これが中国とかに行くともう大変です。がめついと思われることなんて誰も気にしてないし、がめついと思われることより、貧乏でいることのほうが何倍も恥ずかしいという価値観が浸透してるため、めちゃくちゃ競争がハードです。

では「お金を欲しがる」って具体的にどうやるか?
まず会社員であれば絶対にすべきなのは、給料の交渉です。

私は高校生で初めてアルバイトしたときから、いつも当たり前に給料の交渉をしていました。どうすれば時給が上がるのかを、必ず店長に聞いてはその通りに取り組んでいたし、社会人になってからも年に1回ある面談時や業務内容が変わったときなどには必ず給与交渉。

昇給額に納得いかないときは、もっと上げてほしい、いくら欲しいという意思を伝えていたし、どうすればさらに上がるのかも必ず聞いていました。

給料って、実は交渉したらかなり高確率で上がるんですよね。だから当然みんなも交渉しているんだと思っていたら、一度も交渉したことがないって人も世の中に結構いるというじゃないですか。それを知ったときの衝撃は半端なかったです。

私、会社員時代に、全社員の給与が見られる業務をしていたこともあって。世の中では、同じ年に入社した同じキャリアの、仕事ぶりも大して変わらない２人の給与が全然違うっていうことも、実はザラにあったりします。

違いは、本人が給与交渉してるかしてないかの差でしかなかったりするんです。

まぁ公務員だったり、給与の基準が全て年数で厳格に決まっている会社なんかは別かもしれませんが、でも数多ある職場からそこを選んでいるのは紛れもない自分。もしも本当にお金が欲しいなら、環境自体を自分で変えればいいのです。

給料交渉以外の方法も、とにかくまずは自分が「お金が欲しい」と人に言うことから。

子どもの頃、お使いに行く代わりにお釣りもらっていい？ってやっていたようなノリで大丈夫。「こんなことするから、幾らちょうだい」っていろんな人に言ってみるなど、実際に口に出してみるんです。

日本には「あんまり利益を得ちゃいけない」という思い込みのようなものもあります。いいものを安く提供する企業を、まるで清貧な企業かのようにもてはやしたり。でもそういう企業は、長い目で見たときに「より儲かるほう」を取ってるだけ。清貧な気持ちでしてるわけじゃないですから（笑）……って私はいつも思ってます。

前著にも書きましたが、お金というのは「我慢代」ではなく「勇気代」です。

いくら我慢してもお金は大して増えないけれど、勇気を出すと一気に増える、という。

気前良く思われたいという気持ちをぐっと堪えて、がめついと思われるリスクを取り、堂々とお金を取りに行ってみましょう。

「副業禁止」を言い訳にできる時代じゃない

お金教から卒業する方法を、もう一つ。

それは、自分らしい人生を送るために欲しい金額を算出し、その上で、その額をしっかり稼ぎ、しっかり使うということ。

自分に必要な収入が得られないときはどうするか？　一番オススメなのはスキルアップや転職ですが、今の時代は副業というのも有効な選択肢になります。

え!?「うちの会社は副業禁止なんです」!?

いや、世の中で副業している人たちだって、みんな副業可能な会社に勤めているわけじゃなく、大半は会社にバレないように勝手にしているだけですよ。

かくいう私も、自分のサービスを初めて有料で提供したのは、育休中。
まだ会社員の頃でした。もちろん当時の会社の就業規則では、副業は禁止。
でも私はどうしてもやりたいことがあったので、勝手に副業を始めたのです。

会社にはバレないだろうと高を括っていたわけでも、どうせ会社は辞める予定だしバレてもいいやって開き直っていたわけじゃありませんよ。

万が一会社に見つかったとしても絶対に本業は辞めたくないし、副業も続けたいと思ってたので、説得するための戦略を立ててたんですから。

バレたときの戦略1〜4

作戦その1：「完全に単なる趣味です。仕事じゃないです」
趣味の定義に、時間とか金銭授受の有無なんて関係ないので、そう主張する。

作戦その2：「えっ！雇用されていないのに副業とみなされるのですか⁉」
「私は、別の事業者に雇用されることを〝副業〟と規定しているのだと思っていました！」って、つなげる感じで。もちろん、超びっくりした表情も忘れずに。でも実際のところ就業規則で規定しているのって、主にはこれだと思うんですよね。だから、あくまでも雇用じゃないので副業ではないと突き通してみる。

作戦その3：「しいて言うならメルカリみたいなものです！」
自分が既に持っているものをそのまま宝の持ち腐れとせず、それが必要な人とお金で交換しているだけ。会社もさすがにメルカリはダメとはいえないはず。

作戦その4：「兼業農家と一緒です。人を少し手伝っているだけです！」
地域によっては、メルカリよりもこちらのほうが伝わりやすいかもしれません。

とまぁ、こんな具合に、その先も細かい枝分かれをたくさん想定しては、一つずつ納得してもらえそうな理由をかなり考えてたわけです。

しかしながら副業禁止で悩んでいる人の話を聞くと、どうやらそこまで考えてる人っていうのはかなり少なく。割とみんな「バレたら終了」くらいで、「バレそう」だからやらないって人が多いんですよね。

というよりも、「副業禁止」を、自分がやらないことやできないことの言い訳に使っている人が大半な印象です。

でも実際にメルカリくらい気軽な感じで、みんなが自由に自分のスキルを「ライフワークとして」シェアしあう時代は、確実にもうそこまで来てるじゃないですか。

ブランドバッグをタンスの肥やしにしても1円にもならないけど、メルカリという世界に出品してみることでお金に変わる可能性がある。

同じように、自分が持っているスキルも、まずは世の中に流通させてみないことにはお金に変わる可能性も生まれません。

ぜひ自分のスキルも、メルカリ感覚で世の中に出しちゃいましょう！

令和時代は「強欲＝善」になる

今、日本では、ほとんどの人が「節約と貯金はいいこと」「借金と給与交渉と副業は悪いこと」といった常識を、疑うことなく盲信しています。

だけど、こういったお金についての思い込みの大半は、戦後や高度経済成長期に作られたもの。皆さんもご存知の通り、時代は完全に変わりつつあります。

国が衰退していく昨今、周囲と同じことをしていたら、気づかないうちにどんどん貧乏になっていくんです。

そこで私が、これだけでも盲信をやめてみて！と伝えたいのは「強欲＝悪」という思い込み。この思い込みは、真っ先に捨てたほうが得策です。

「お金はそこそこあればいい」と思っている人は、
そこそこ以下のお金しか手に入りません。
もっと強欲に「あれもこれも、こっちも欲しい!!」って思って初めて、
あれもこれも手に入る可能性が生まれるんです。

人がどれだけお金を得られるのか、それが決まるのは才能や時代や環境じゃない。

それよりもはるかに大きく左右されるのは、どれだけ強欲に生きているか、です。


私は以前、例えば上場企業の社長とか、使い切れないほどの資産を持っている方に対して「あそこまで努力できて超すごいな……!」って思ってました。

いや、今でもすごいと思っていることには違いはないのですが、見方によっては「そこまでやらないと自分の欲が満たせないくらい、恐ろしく強欲に生まれた人なんだな……」と考えることもできるのです。

普通の人と同レベルの幸せでは、決して満足できない。

だからこそ、普通じゃない成果が実現できるんだ、って発見したんです。

この本を手に取ってくださった方は、実は内面にそんな強欲さを秘めた方が多いんじゃないかと、私は勝手に思っています。

だからまずは、「自分が実は強欲な人間であること」を認識し、そこに対して罪悪感を感じず、むしろそれを才能だと認め、隠すのではなくさらに磨いて発揮すべし！と思うのです。

遠慮せずに、本来の自分がもっているわがままな夢を、一つずつ叶えてあげましょう。自分らしさ、っていうと難しく考えてしまいがちだけど。

自分らしさを発揮する一番の方法は、自分の〝理想〟を全て実現してあげること。

そうして、自分が自分の人生を満たし、自分を幸せにしましょう。
それが結局は、自分の周りも幸せにするための、一番の近道なのです。

得られるお金を左右するのは
才能や環境じゃない。
どれだけ強欲に
生きているか、よ！

おわりに

今でも、あの18歳の頃の自分を思い出すことがあります。

つらい毎日だったはずなのに、自分の身の丈にあう幸せはこの程度だと思い込み、夢を見ることすらできなくなっていたこと。

唯一の夢が「せめて人並みにちゃんとすること」で、それができない自分を毎日責めていたこと。

その頃の自分を思い返すと、今の自分の人生が信じられない気持ちになるのです。

でも、当時と今の私を比較しても、自分自身が持っているものは大して変わっていません。急に美貌や素晴らしい才能を手にしたわけでもないし、ある日大金が舞い込んだり、ものすごい情報にアクセスできるようになったわけでもない。

変わったことといえば、本当にこれだけ。
ちゃんとすることを諦め、自分の本心に従い、意識と行動を変えてきただけ。

私は、今の世の中はおかしいと思っています。
大人になっても、〝社会人として〟〝女性として〟〝母親として〟……世の中の「ちゃんと」という常識に無理やり自分を押し込めて我慢を重ねているうちに、自分らしさや、自分が本当にやりたいことが、自分でもわからなくなってしまう。
特に、日本のワーキングマザーは本当に過酷です。自分はあと回しにして、仕事に家事に育児にお金に……全てを必死にやりくりしなければ、とても成り立ちません。

私が第1子の産休中にブログを始めたのは、そんな大変な日々が約束されたワーキングマザーとしての生活に、少しでも抵抗する術はないか？と考えてのことでした。

今の日本人女性の人生は「自分以外の誰か」を優先することが当たり前です。

男性は、自分の仕事を選ぶ際に「家庭や育児とも両立できそうな仕事」なんて基準で考える人はまずいません。男性が女性の補助役に就く仕事も、とても少ないです。でも女性にとっては、仕事では男性を優先に、結婚したら夫を優先に、子どもができたら子どもを優先にするのはごく当たり前のこととして思われているのです。

だから「自分の幸せ」を考えてみたところで、結局は、自分の当面の幸せのためにも、まず周囲を優先してしまうのが女性であり、自らが意識的に抜け出そうとしない限り、変えられない。これは自分自身も例外じゃないということを、私自身、仕事でも家庭でも、いつも痛感してきました。

「女性だから、結婚しているから、子どもがいるから」そういった理由で、女性がやりたいことを我慢するのは仕方がないこと、という風潮はおかしい。
自分次第でその発想から抜け出すことは、絶対に可能なはず。

そう考えた私は妊娠して以来、「自分の優先順位の一位は自分、出産しても全く変わらない」ことを自分に課すように、日々を送るようになりました。

妊娠中からブログを開始し、臨月では初のセミナーを主催。乳幼児を育てながらも、家事は一切やめ、料理もせず、娘の送り迎えは全て夫に任せ、日中はひたすら仕事をして、週末や夜には1人でも気兼ねなく出かける……。

こんな極端ともいえる生活をし、それをブログや書籍でも赤裸々に発信していたのは、「女性だって、結婚しても子どもが生まれても、自分を優先順位の一位にすることは可能なんだよ！」ということを、自分の人生をもって証明したかったからです。

そのためには、今の社会での私たち女性が覆われている「常識」や「思い込み」――「ちゃんと」の呪縛を一つ一つ疑い、壊していく必要がありました。

今の私は、女性としても妻としても母としても社会人としても、何一つ「ちゃんと」できていません。家事も一切してないし、子どもの遊びにはほとんど付き合わないし、仕事もしたいときだけ。オンラインサロンとかマインド講座とか、世間から見たら怪しい仕事でラクして稼いでるし、ネットや書籍でもこんな具合に、自分の恥ずかしい部分もバンバンさらけだしちゃってます。さらにそれを反省するどころか、むしろ完全に開き直り、かなり図々しく生きてます。

従来の「ちゃんと」という基準から考えたら、とことんダメな、どうしようもなく恥ずかしい人間です。

でも今の私は、ちゃんとしてた頃の私より、何倍も自分のことが好きだし、何倍も自分らしいいし、何倍も幸せです。家族や周りの人から感謝してもらえることも、何倍にも増えました。ちゃんとすることをやめたら、自分も周りも、それまでよりも遥かに幸せにすることができたのです。

起業するときに私が決意した想いは、

「女性が、育児と仕事を楽しく両立できる社会を作りたい」

この気持ちに従い、走り続けた結果、気づけば私の周りには本当にたくさんの理想を実現した女性がいました。

いつも私を応援してくれ、支えてくれている皆さま。いつも本当にありがとうございます。これからも、よろしくお願いします。

ここまで読んでくれた皆さまが、もっと自分らしく幸せな人生を送れますように！

＊スペシャルサンクス

谷島千明／松崎祐子／粟津樹里／石橋敦子／江野畑美晴／遠藤真理恵／岡崎純子／高井あずさ／高畑恵／中村友香／西脇朝美／春野まさこ／細井きぬよ／堀田かおり／宮尾まさみ／森田久美子

“ちゃん卒”したいあなたへ

読者限定「スペシャル特典」をもれなくプレゼント！

- PRESENT 1 -

“ちゃん卒”ワークシート

- PRESENT 2 -

7日間の音声プログラム

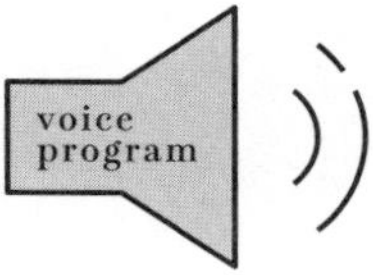

本書をお読みくださった方限定で、ちゃん卒を後押しする「ちゃん卒ワークシート」や「7日間の音声プログラム」をプレゼントしています。

こちらのQRコードから特典サイトにアクセスし、プレゼントをお受け取りください。

これができたら「ちゃんと」を卒業

「ちゃん卒」検定

第1ステージ～ちゃんとを卒業する

- ☑ まずは疲れを取る
- □ 自分だけの時間を確保しよう

第2ステージ～初級編

- □ 洗濯はしなくていい
- □ 入浴は週１でいい
- □ ノーファンデでいい
- □ 家事も育児も苦手でいい
- □ 家事は最小限でいい

□そんなに栄養は取らなくていい
□人の誘いは断っていい
□8時間なんて働けない
□仕事は休んでいい

第3ステージ～仕事編

□まずは仕事を好きか苦手かに分けよう！
□次はいよいよ、苦手な仕事を手放そう
□ツライ働き方も手放しちゃおう
□転職してもいい
□履歴書は盛っていい

これができたら「ちゃんと」を卒業

「ちゃん卒」検定

第4ステージ～マインド編

□続かなくてもすぐ飽きてもいい
□意見はコロコロ変えていい
□辻褄合わなくてもいい
□メンヘラでいい
□謙遜しなくていい
□人に興味を持たなくていい
□親には遠慮しなくていい

第5ステージ～家庭編

□寝かしつけはしなくていい
□ｉＰａｄは好きなだけ見せていい
□周りに鈍感でいい

第6ステージ～恋愛編

□婚活はしなくていい
□セックスレスでもいい
□結婚してもお互い恋してもいい
□複数人と付き合っていい
□離婚はいつでもしていい

第7ステージ～お金編

□頑張って節電・節約なんてしなくていい
□お金の管理しなくていい
□貯金しなくてもいい、借金してもいい
□お金は欲しがっていい
□副業してもいい

小田桐あさぎ
株式会社アドラブル 代表取締役社長
魅力ラボ 主宰
1983年札幌生まれ。2012年に出会って2週間の男性と結婚。第1子の妊娠中に「母、妻、社会人、女性、自分。全てを自分らしく両立したい」という思いからブログを開設。独自の恋愛・家庭・仕事論が好評を博し、月間30万PVの人気ブログへ。コンサル依頼が殺到し育児休暇中に起業。女性が自分らしく魅力を開花させるためのスクールは3年間で300名以上、セミナーは5000人以上が受講。またオンラインサロン「魅力ラボ」のフォロワーは4万人以上。20代後半～40代後半の女性からの支持が厚く、「VERY」など女性向けメディアの掲載歴も多数。著書に『嫌なことやめたらすごかった』（小社刊）がある。

「私、ちゃんとしなきゃ」から卒業する本

2020年5月18日　第1版　第1刷発行
2024年3月9日　　　　　第5刷発行

著　者　小田桐あさぎ

発行所　WAVE出版
〒102-0074　東京都千代田区九段南3-9-12
TEL 03-3261-3713　FAX 03-3261-3823
振替 00100-7-366376
E-mail: info@wave-publishers.co.jp
https://www.wave-publishers.co.jp

印刷・製本 萩原印刷

NDC159　239p　19cm　ISBN978-4-86621-287-6